学科德育指导手册

中学

罗 滨 主编 / 申军红 林秀艳 副主编

清华大学出版社
北京

内 容 简 介

落实立德树人根本任务，培养德智体美劳全面发展的社会主义建设者和接班人，学科教学是主渠道。本书内容分为两大部分，即通识部分和学科部分。通识部分着重阐明学科德育的缘起与政策依据，学科德育的基本理念、方法、策略，以及学科德育的专业保障。学科部分则提供政治、语文、数学、英语、物理、历史六个代表性学科的德育范畴、实施建议和典型课例。本书为中学教师开展学科德育提供了理念、方法和实践的具体指导，极具启发性与示范性。

本书封面贴有清华大学出版社防伪标签，无标签者不得销售。
版权所有，侵权必究。举报：010-62782989，beiqinquan@tup.tsinghua.edu.cn。

图书在版编目（CIP）数据

学科德育指导手册. 中学 / 罗滨主编. — 北京：清华大学出版社，2024.1
ISBN 978-7-302-65230-4

Ⅰ.①学… Ⅱ.①罗… Ⅲ.①德育 – 中学 – 教学参考资料 Ⅳ.① G631

中国国家版本馆 CIP 数据核字（2024）第 016808 号

责任编辑：彭远同
封面设计：傅瑞学
责任校对：赵琳爽
责任印制：丛怀宇

出版发行：清华大学出版社
　　　　网　　址：https://www.tup.com.cn，https://www.wqxuetang.com
　　　　地　　址：北京清华大学学研大厦A座　　邮　编：100084
　　　　社 总 机：010-83470000　　邮　购：010-62786544
　　　　投稿与读者服务：010-62776969，c-service@tup.tsinghua.edu.cn
　　　　质量反馈：010-62772015，zhiliang@tup.tsinghua.edu.cn
印 装 者：小森印刷（北京）有限公司
经　　销：全国新华书店
开　　本：185mm×260mm　　印　张：8.5　　字　数：174千字
版　　次：2024年1月第1版　　　　　　　 印　次：2024年1月第1次印刷
定　　价：39.00元

产品编号：105500-02

前 言

党的二十大报告指出，"教育是国之大计、党之大计。培养什么人、怎样培养人、为谁培养人是教育的根本问题。育人的根本在于立德。全面贯彻党的教育方针，落实立德树人根本任务，培养德智体美劳全面发展的社会主义建设者和接班人"。学科教学是落实立德树人根本任务的主渠道。

北京市海淀区历来重视学科德育工作，许多教师能够意识到在各学科教学活动中落实德育目标的重要性，但是在教学实践中，教师们仍普遍感受到学科德育做到"有效"不易，缺乏策略和方法。因此，一线教师迫切需要能够指导教学实践的《学科德育指导手册（中学）》（以下简称《手册》）。

2017年5月，海淀区教工委、教委启动海淀区"绿色成长"学科德育项目，在区教委德育科、基教一科、基教二科等科室的大力支持下，海淀区教师进修学校带领45所实验学校先行先试，以点带面，为全区学科德育走出一条可行之路。

"绿色成长"学科德育项目在罗滨副秘书长的亲自指导和姚守梅校长的支持保障下，由申军红书记带领林秀艳副校长负责项目实施工作，形成了一个以教研员为核心，以高校科研院所的专家为引领，以中小学特级教师、骨干教师为骨干力量，兼具思想定力、学术功力、教研活力和实践能力的跨学段、跨学科教研共同体。项目组立足课堂教学主阵地，采用"研究、实践、改进"螺旋上升的项目推进机制，以课例研究为载体，对学科德育的原理、方法、策略等进行深入研究，破解学科教学的育人难题，发挥各学科德育功能。

经过六年的努力，项目组编写出了这本《手册》。《手册》涵盖通识理论、学科指导和典型课例，内容分为两大部分，即通识部分和学科部分。通识部分着重阐明学科德育的缘起与政策依据，学科德育的基本理念、方法、策略，以及学科德育的专业保障。学科部分提供中学代表性学科的德育范畴、实施建议和典型课例。每个学科均包含明确的"5+X"

学科德育范畴，其中"5"为《中小学德育工作指南》中指出的5个方面的德育内容，是各学科共同的德育范畴；"X"为体现学科本质的学科特色德育内容范畴。学科德育实施建议从课程标准、学科核心素养出发，分析本学科的育人价值，提出实施学科德育的策略和基本方法。学科德育典型课例包含教学设计、反思与改进、教研员点评等。

《手册》为中学教师开展学科德育提供了理念、方法的指导，以及具体课例的示范。同时，《手册》也适用于区校两级教师研修，可作为教师培训的教学用书和教学资源，如用于区级学科德育通识理论培训和分学科的学科德育教师研修，用于校本研修、教研组研修及教师个人自修。

《手册》的编写凝聚了"绿色成长"学科德育项目组的集体心血和智慧。罗滨副秘书长对项目设计与研究给予了非常具体的指导，姚守梅校长既提供人力保障，又提供经费支持。申军红书记带领林秀艳副校长负责各章节内容的统筹规划与协调。项目组核心成员赵岩、任兴来、许长明、曲豪彦、田圆在全书内容的组织、通识部分的撰写、视频资源的建设等方面付出了巨大努力。各学科教研员带领一线骨干教师完成了本学科内容的撰写和典型课例的研发（详见下表）。特别感谢李晓东、谢春风、洪明等专家，每当遇到困难时，专家们就是"定海神针"，为项目研究指明方向、提供指导。感谢45所实验校项目负责人和骨干教师，为《手册》的编写提供了需求建议、实践场域和案例。

写作和课例研发分工

章　　节	作　者　姓　名	课例研发教师
通识部分	申军红、赵岩、许长明、洪云、曲豪彦	
中学政治	任兴来	于洺
中学语文	田圆、徐国珍、赵岩、迟淑玲	孙青
中学数学	薛钟俊	付娟
中学英语	栗瑞莲	栗方薇
中学物理	田成良	王新富
中学历史	杨红丽、李静	陈钐
统稿	姚守梅、申军红、赵岩、许长明、洪云	

道阻且长，行则将至。《手册》作为海淀区"绿色成长"学科德育项目组的阶段研究成果，标志着海淀区在学科育人道路上又迈出了坚实的一步。今后，项目组在用《手册》指导教师课堂教学实践的同时，将继续在实践中深入研究学理，丰富课例资源，优化实施策略，不断提升课堂育人品质！

申军红

2023年9月1日

目 录

第一部分　通识　　　1

第一章　编写《学科德育指导手册（中学）》的背景　　　2

第一节　学科德育的缘起　　　2
第二节　学科德育的政策依据　　　4
第三节　编写《学科德育指导手册（中学）》的必要性　　　8

第二章　学科德育的基本理念　　　10

第一节　学科德育的基本内涵　　　10
第二节　学科德育的基本范畴　　　11
第三节　学科德育的内在规律　　　16
第四节　学科德育的主要内容　　　17

第三章　学科德育的策略和方法　　　20

第一节　学科德育的主要策略　　　20
第二节　学科德育的基本方法　　　21

第四章　实施学科德育的专业保障　　　24

第一节　教师自主提升学科德育素养　　　24
第二节　学校和区域通过研修课程提升教师学科德育能力　　　25
第三节　教研员引领教研共同体建设，提升教师学科德育能力　　　26

第二部分　学科　　　27

第五章　中学政治学科　　　28

第一节　学科德育范畴　　　28

	第二节	学科德育实施建议	31
	第三节	学科德育典型课例	35

第六章　中学语文学科　44

　　第一节　学科德育范畴　44
　　第二节　学科德育实施建议　47
　　第三节　学科德育典型课例　53

第七章　中学数学学科　62

　　第一节　学科德育范畴　62
　　第二节　学科德育实施建议　64
　　第三节　学科德育典型课例　67

第八章　中学英语学科　77

　　第一节　学科德育范畴　77
　　第二节　学科德育实施建议　80
　　第三节　学科德育典型课例　88

第九章　中学物理学科　97

　　第一节　学科德育范畴　97
　　第二节　学科德育实施建议　99
　　第三节　学科德育典型课例　102

第十章　中学历史学科　113

　　第一节　学科德育范畴　113
　　第二节　学科德育实施建议　115
　　第三节　学科德育典型课例　122

第一部分 通 识

学科教学是立德树人的主渠道，教师应充分认清教学的育人价值，理顺学科教学与德育的关系，着眼于学生的全面、健康发展，不断探索，勇于实践，持续推进学科德育工作，强力发挥教书育人的作用。

第一章
编写《学科德育指导手册（中学）》的背景

为什么要在学科教学中融入德育是学科德育首先要解决的问题。厘清教育、教学与德育的关系，探本溯源地了解学科德育的由来、政策依据和现实必要，将有助于教师提升学科德育的自觉。

第一节　学科德育的缘起

中华人民共和国成立以来，德育工作一直在党和国家的领导下，随着中国教育现代化进程不断发展。1978年改革开放后至20世纪末，中国德育理论与实践经历过两个阶段：1978—1988年是德育学科的恢复与科学探索阶段，1989—1998年是结合我国社会转型进行德育思想、德育理论系统化研究阶段。[1] 21世纪以来，我国德育发展逐渐进入新时代，理论和实践成果更加丰富。

1978—1988年，全国德育建设的重点是努力恢复规范化的学校德育。中华人民共和国国家教育委员会（中华人民共和国教育部的前身，以下简称国家教委）相继制定了《小学生守则》《中学生守则》和《高等学校学生守则》等系列学生行为规范，使学校德育逐步走向科学化、规范化和序列化。1988年，国家教委发布《小学德育纲要（试行）》和《中学德育大纲（试行稿）》，提出"各科教学是向学生进行思想品德教育的最经常、最基本的途径，它对培养学生的思想道德素质具有重要的作用"，首次从国家层面明确了学科德育的意义和作用，标志着学科德育时代的到来。

20世纪80年代至90年代，中国持续推进改革开放之际，世界范围内经历东欧剧变、冷战结束。党和国家旗帜鲜明反对自由化思潮，坚持走中国特色社会主义道路。国家教委

---

[1] 张忠华，叶雨涵.改革开放四十年我国德育理论研究主题嬗变[J].高校教育管理，2018，12（6）：14-21.

第一章 编写《学科德育指导手册（中学）》的背景

提出，学校不但要有专门的德育课程，而且要在其他学科教育中体现德育内容，以与大德育目标相呼应。1990年，国家教委基础教育司在学科教学大纲中提出"德育渗透"的概念。例如，语文学科"思想政治教育必须根据语文学科的特点，渗透在教学过程中，起到潜移默化的作用"。[1] 学科德育成为学校德育新的发展路径之一。

开展学科德育的讨论与实践随后展开。上海市大同中学提出"各学校、各科教师都应该高度重视学科德育工作，要根据教学大纲的要求和学科的特点，有计划有目的地对学生进行科学世界观和社会主义思想品德的教育，使教育教学活动有机结合，融为一体，促进学生全面健康地成长"。[2] 德育要为社会主义现代化建设服务。同时，也有学者提出，德育渗透应遵循学生身心发展的规律。

1993年，《中国教育改革和发展纲要》提出中小学要由"应试教育"转到全面提高国民素质的轨道上来，明确了"坚持教育的社会主义方向，培养德智体全面发展的建设者和接班人"的培养目标，强调"教师应当把德育贯穿和渗透到教育教学的全过程中"。"素质教育"从此成为中国基础教育改革和发展的方向。1994年8月31日，《中共中央关于进一步加强和改进学校德育工作的若干意见》正式颁布，文件指出："按照不同学科特点，促进各类学科与课程同德育的有机结合。借鉴国外包括发达国家在这方面的经验和做法，在教育改革中积极探索，总结经验，并及时加以规范，形成稳定的机制。……各门课程的建设应体现社会主义办学方向和全面发展的办学指导思想，教学大纲和教学评估标准要有正确的思想导向。教学主管部门和教研人员要深入教学领域与学生实际，有针对性地发挥教学、科研的德育功能。"

2000年12月，中共中央办公厅、国务院办公厅印发了《关于适应新形势进一步加强和改进中小学德育工作的意见》，首次对"学科德育"的实施进行了具体的解释，即"德育要寓于各学科教学之中，贯穿于教育教学的各个环节。中小学语文、历史、地理、数学、物理、化学、生物、自然等学科要根据各自的特点，结合教学内容对学生进行爱国主义、社会主义、中国近现代史、基本国情、民族团结和辩证唯物主义世界观教育，以及科学精神、科学方法、科学态度的教育。体育、音乐、美术等学科也要结合学科特点，陶冶学生情操，激发爱国主义情感，培养团结协作和坚韧不拔的精神"。2001年，中华人民共和国教育部（以下简称教育部）印发《义务教育课程设置实验方案》，强调"各门课程均应结合本学科

---

[1] 中华人民共和国国家教育委员会. 全日制中学语文教学大纲（修订本）[M]. 北京：人民教育出版社，1990：2.
[2] 上海市大同中学. 寓德育于各科教学之中 [J]. 人民教育，1990（9）：18-21.

特点，有机地进行思想道德教育。环境、健康、国防、安全等教育也应渗透在相应课程中进行"。学科德育的内容、目标逐渐明确。

随着学科德育内容和目标逐渐明确，全国各地对于学科德育的研究和实践也开始起步，学科德育研究逐步从粗放走向精细，学科德育实践也逐步从零散走向系统。

第二节 学科德育的政策依据

随着研究与实践的不断深入，特别是在"三全育人"理念的指引下，越来越多的政策文件为实施学科德育提供了方向和依据。

2012年11月8日，中国共产党第十八次全国代表大会（以下简称十八大）在北京召开，十八大报告首次提出"把立德树人作为教育的根本任务，培养德智体美全面发展的社会主义建设者和接班人"，明确了教育的根本任务和培养目标。落实立德树人根本任务成为今后教育改革发展的重点。为了落实十八大战略部署，2014年，《教育部关于全面深化课程改革落实立德树人根本任务的意见》（教基二〔2014〕4号）提出，"立德树人是发展中国特色社会主义教育事业的核心所在，是培养德智体美全面发展的社会主义建设者和接班人的本质要求"；"坚持系统设计，整体规划育人各个环节的改革，整合利用各种资源，统筹协调各方力量，实现全科育人、全程育人、全员育人"；"进一步明确各学段各自教育功能定位，理顺各学段的育人目标，使其依次递进、有序过渡。要避免有的学科客观存在的一些内容脱节、交叉、错位的现象，充分体现教育规律和人才培养规律"；"统筹各学科，特别是德育、语文、历史、体育、艺术等学科。充分发挥人文学科的独特育人优势，进一步提升数学、科学、技术等课程的育人价值。同时加强学科间的相互配合，发挥综合育人功能，不断提高学生综合运用知识解决实际问题的能力"。这份文件明确了"三全育人"，以及各学科在落实"立德树人"根本任务中的育人功能，为实施学科德育提供了方向和依据。

2017年8月17日，教育部发布了《中小学德育工作指南》，提出"充分发挥课堂教学的主渠道作用，将中小学德育内容细化落实到各学科课程的教学目标之中，融入渗透到教育教学全过程……要根据不同年级和不同课程特点，充分挖掘各门课程蕴含的德育资源，

第一章 编写《学科德育指导手册（中学）》的背景

将德育内容有机融入到各门课程教学中"。并在通知中明确：《中小学德育工作指南》是指导中小学德育工作的规范性文件，适用于所有普通中小学。同年 12 月，教育部基础教育司推出了《中小学德育工作指南实施手册》，为中小学德育工作提供了明确的目标和细化的指导。这两份文件为学科德育的具体实施提供了指导思想、基本原则、德育目标和德育内容，"学科德育"进入"具体落地"的阶段。

近年来，中共中央、国务院、教育部多项政策文件中多次提及"学科德育"，从不同角度对学科德育的实施、立德树人根本任务的落实给予指导，详细内容可见表 1-1。

表 1-1 政策文件中涉及学科德育的内容

时间	文件	涉及学科德育的内容
2018 年 1 月	教育部《普通高中课程方案（2017 年版）》	培养目标：1.具有理想信念和社会责任感。初步形成正确的世界观、人生观和价值观。热爱祖国，拥护中国共产党。弘扬中华优秀传统文化，继承革命文化……树立为中国特色社会主义、人民幸福、民族振兴和社会进步做贡献的远大志向。遵纪守法，履行公民义务，行使公民权利，维护社会公平正义，具有法治意识、道德观念。……尊重自然，保护环境，具有生态文明意识。2.具有科学文化素养和终身学习能力。……敢于批判质疑，探索解决问题，勤于动手，善于反思，具有一定的创新精神和实践能力。具有强烈的好奇心、积极的学习态度和浓厚的学习兴趣。能够自主学习，独立思考，形成良好的学习习惯和适合自身的学习方法。……3.具有自主发展能力和沟通合作能力。坚持锻炼身体，养成积极健康的行为习惯与生活方式，珍爱生命，强健体魄。自尊自信自爱，坚韧乐观，奋发向上，具有积极的心理品质。……学会独立生活，热爱劳动，具备社会适应能力。正确认识自我，具有一定的生涯规划能力。文明礼貌，诚信友善，尊重他人，与人和谐相处。学会交流与合作，具有团队精神……尊重和理解文化的多样性，具有开放意识和国际视野。
2019 年 2 月	中共中央、国务院《中国教育现代化 2035》	推进教育现代化的指导思想：将服务中华民族伟大复兴作为教育的重要使命，坚持教育为人民服务、为中国共产党治国理政服务、为巩固和发展中国特色社会主义制度服务、为改革开放和社会主义现代化建设服务，优先发展教育，大力推进教育理念、体系、制度、内容、方法、治理现代化，着力提高教育质量，促进教育公平，优化教育结构，为决胜全面建成小康社会、实现新时代中国特色社会主义发展的奋斗目标提供有力支撑。 推进教育现代化的八大基本理念：更加注重以德为先，更加注重全面发展，更加注重面向人人，更加注重终身学习，更加注重因材施教，更加注重知行合一，更加注重融合发展，更加注重共建共享。 推进教育现代化的基本原则：坚持党的领导、坚持中国特色、坚持优先发展、坚持服务人民、坚持改革创新、坚持依法治教、坚持统筹推进。

续表

时间	文件	涉及学科德育的内容
2019年6月	国务院办公厅《关于新时代推进普通高中育人方式改革的指导意见》	突出德育时代性。坚持把立德树人融入思想道德教育、文化知识教育、社会实践教育各环节。深入开展习近平新时代中国特色社会主义思想教育，强化理想信念教育，引导学生树立正确的国家观、历史观、民族观、文化观，切实增强"四个自信"，厚植爱党爱国爱人民思想情怀，立志听党话、跟党走，树立为中华民族伟大复兴而勤奋学习的远大志向。积极培育和践行社会主义核心价值观，深入开展中华优秀传统文化教育，加强学生品德教育，帮助学生养成良好个人品德和社会公德。要结合实际制定德育工作实施方案，突出思想政治课关键地位，充分发挥各学科德育功能，积极开展党团组织活动和主题教育、仪式教育、实践教育等活动。 深化课堂教学改革。按照教学计划循序渐进开展教学，提高课堂教学效率，培养学生学习能力，促进学生系统掌握各学科基础知识、基本技能、基本方法，培养适应终身发展和社会发展需要的正确价值观念、必备品格和关键能力。积极探索基于情境、问题导向的互动式、启发式、探究式、体验式等课堂教学，注重加强课题研究、项目设计、研究性学习等跨学科综合性教学，认真开展验证性实验和探究性实验教学。提高作业设计质量，精心设计基础性作业，适当增加探究性、实践性、综合性作业。积极推广应用优秀教学成果，推进信息技术与教育教学深度融合，加强教学研究和指导。
	中共中央、国务院《关于深化教育教学改革全面提高义务教育质量的意见》	突出德育实效。完善德育工作体系，认真制定德育工作实施方案，深化课程育人、文化育人、活动育人、实践育人、管理育人、协同育人。大力开展理想信念、社会主义核心价值观、中华优秀传统文化、生态文明和心理健康教育。加强爱国主义、集体主义、社会主义教育，引导少年儿童听党话、跟党走。加强品德修养教育，强化学生良好行为习惯和法治意识养成。打造中小学生社会实践大课堂，充分发挥爱国主义、优秀传统文化等教育基地和各类公共文化设施与自然资源的重要育人作用，向学生免费或优惠开放。广泛开展先进典型、英雄模范学习宣传活动，积极创建文明校园。健全创作激励与宣传推介机制，提供寓教于乐的优秀儿童文化精品；强化对网络游戏、微视频等的价值引领与管控，创造绿色健康网上空间。突出政治启蒙和价值观塑造，充分发挥共青团、少先队组织育人作用。
2019年8月	中共中央办公厅、国务院办公厅《关于深化新时代学校思想政治理论课改革创新的若干意见》	基本原则：一是坚持党对思政课建设的全面领导，把加强和改进思政课建设摆在突出位置。二是坚持思政课建设与党的创新理论武装同步推进，全面推动习近平新时代中国特色社会主义思想进教材进课堂进学生头脑，把社会主义核心价值观贯穿国民教育全过程。三是坚持守正和创新相统一，落实新时代思政课改革创新要求，不断增强思政课的思想性、理论性和亲和力、针对性。四是坚持思政课在课程体系中的政治引领和价值引领作用，统筹大中小学思政课一体化建设，推动各类课程与思政课建设形成协同效应。五是坚持培养高素质专业化思政课教师队伍，积极为这支队伍成长发展搭建平台、创造条件。六是坚持问题导向和目标导向相结合，注重推动思政课建设内涵式发展，全面提升学生思想政治理论素养，实现知、情、意、行的统一。

第一章 编写《学科德育指导手册（中学）》的背景

续表

时间	文件	涉及学科德育的内容
2021年2月	教育部《中华优秀传统文化进中小学课程教材指南》	坚持正确价值导向，强化经典意识。遵循辩证唯物主义和历史唯物主义，秉持客观、科学、礼敬的态度，对传统文化取其精华、去其糟粕，有鉴别地加以对待、有扬弃地予以继承，突出传统文化素材的经典性。结合时代要求，衔接古今，赋予中华优秀传统文化新的时代内涵和现代表达形式，促进创造性转化和创新性发展，使其成为涵养社会主义核心价值观的重要源泉。 遵循学生认知规律，贴近学生实际。充分考虑学生随着年龄增长由浅入深、从感性到理性的认知发展特点，努力贴近学生生活、学习、思想实际，确定不同学段的教育目标以及具体学习内容、载体形式，区分层次、突出重点，体现学习进阶，内容和形式适宜，容量适中。 结合学科特点，注重有机融入。基于中华优秀传统文化与学科的内在联系，结合学科具体主题、单元、模块等，融入相应的中华优秀传统文化内容和载体形式。 坚持整体设计，科学合理布局。贯通中小学各学段，使核心思想理念、中华人文精神、中华传统美德等贯穿教育过程始终。统筹各学科，确保中华优秀传统文化内容全覆盖，形成纵向有机衔接、横向协同配合的格局。
	教育部《革命传统进中小学课程教材指南》	以道德与法治（思想政治）、语文、历史三科为主，艺术（音乐、美术等）学科有重点地纳入，其他学科有机渗透，"3+1+N"全科覆盖。 道德与法治（思想政治）是落实革命传统教育的核心课程，要全面反映革命传统主要内容，注意对思想内涵的深刻解读，突出提高思想认识、政治觉悟，坚定理想信念，树立正确的世界观、人生观和价值观，促进政治认同；同时引导学生弘扬革命精神，培养高尚品德。 语文是落实革命传统教育的重要课程，在传承和弘扬革命文化中发挥重要作用。语文学科注重以文化人，引导学生深刻体会革命精神、深入感受爱国主义精神，体认英雄模范的高尚品质，陶冶性情、坚定志向，树立正确的世界观、人生观和价值观。 历史是革命传统教育的主要载体，在党史、新中国史、改革开放史和社会主义发展史教育方面具有不可替代的作用。……讲清楚中国共产党诞生是历史发展的必然，注重通过整体叙述与背景叙述，使学生系统认识中国共产党领导人民为民族解放和社会主义事业英勇奋斗的历程，从中汲取强大精神力量，培养高尚品德，形成优良作风，增强"四个自信"，树立正确的世界观、人生观、价值观。 艺术是落实革命传统教育的重要载体，在净化学生心灵、陶冶情操、提升人生境界中发挥着重要作用。艺术学科要注重选取经典性作品，以寓教于乐、潜移默化的方式，增强教育的感染力和实效性，培养学生深厚的爱党爱国情感，做有骨气、有品位、有修养的中国人。 数学、地理、物理、化学、生物学、体育与健康等是革命传统教育的载体，也要结合学科特点，选择有关学科领域专家、模范人物的事迹、成果等，引导学生体会他们为国争光、服务人民的精神追求，厚植爱国主义情怀。

续表

时间	文件	涉及学科德育的内容
2022年4月	教育部《义务教育课程方案（2022年版）》	认真学习领会习近平总书记关于教育的重要论述，全面落实有理想、有本领、有担当的时代新人培养要求，确立课程修订的根本遵循。准确理解和把握党中央、国务院关于教育改革的各项要求，全面落实习近平新时代中国特色社会主义思想，将社会主义先进文化、革命文化、中华优秀传统文化、国家安全、生命安全与健康等重大主题教育有机融入课程，增强课程思想性。

第三节 编写《学科德育指导手册（中学）》的必要性

自党的十八大将立德树人作为教育的根本任务以来，全社会更加重视德育工作，但是如何加强学科德育工作，提高学科德育的实效性、针对性、系统性，还需要扎实的研究和不断的实践。《手册》将基于学科德育研究和实践的成果，为广大中学教师开展学科德育提供具体策略、方法的指导和案例示范，以推动学科德育的实施。

一、提高新时代德育工作实效的需要

推进学科德育是落实立德树人根本任务、用新时代中国特色社会主义思想铸魂育人的必然要求，是提高德育实效性的需要。课堂教学是育人的主渠道，实施学科德育，根据不同年级和不同课程特点，充分挖掘各门课程蕴含的德育资源，将德育内容有机融入到各门课程教学中，将极大地提高德育的实效性。《手册》将在挖掘德育要素、把德育内容有机融入学科教学等方面提供具体指导，帮助教师在日常教学中有效实施学科德育，提高新时代德育工作的实效性。

二、推进学科德育工作的需要

2011年，《北京市中小学德育纲要（讨论稿）》提出：学科教学是向学生进行道德教育最经常的途径，对培养学生良好的道德素质具有重要作用。教师要在全部教学活动中，注意培养学生良好的学习态度、学习习惯和良好的道德、心理品格，促使学生养成文明行为习惯。要根据各科课程标准中关于思想品德教育和思想政治教育的要求和教材中的教育因素，按照各科自身的教学特点，结合学生实际，自觉地、有机地在课堂教学中渗透道德教

第一章 编写《学科德育指导手册（中学）》的背景

育。各学科的教材、课程标准和教学评估标准要坚持正确的思想导向；教学主管部门和教研人员要深入教学领域，指导教学工作同德育有机结合。

海淀区历来重视学科德育工作。2017 年，在区教育工委、区教委的领导下，海淀区在全国率先启动了"绿色成长"学科德育项目。通过扎实的研究与实践，海淀区学科德育经历了从教学与德育生硬拼接到自然融合，从散点育人到系统架构的蜕变过程，不断提升教师育人能力和学科育人质量，努力将"立德树人"的根本任务落到实处。《手册》的研制正是将项目研究成果进行荟萃，并转化为可指导中学教师课堂教学实践的策略和方法，以推进学科德育工作的发展。

三、破解学科德育难题的需要

在党和国家的政策引领下，在各级教育部门的持续推进下，学科德育的研究与实践越来越得到重视，但在当前阶段，学科德育的发展仍然存在一些需要解决的问题。

一是对学科德育的认识和研究不足。一方面，受应试教育的影响，学校教育、家庭教育都比较重视智育，而对德育尤其是学生的人格培养、价值观培育不够重视。学科教学长期以知识技能的传授为中心，追求教学的工具价值，忽视课程本身固有的道德价值，疏于学科思想的启迪和人文素养的培育，减弱了创新能力的生成，忽视了精神支柱的力量。对北京市某区 300 位中小学一线教师的问卷调查显示，38.34% 的教师在日常教学中只是在教学某一环节渗透德育内容。另一方面，学科德育实践的时间不长，研究还不深入，评价还不成熟，可用于学科德育的教育理论、教育方法和教育资源还比较欠缺，因此教师学科德育实践水平有限。有研究者对北京市 70 名小学英语教师进行调研，结果显示 74% 的教师不了解教学中应融入哪些德育内容，80% 的教师认为在教学中融入德育内容会增加负担。[1]

二是学科德育的目标与方法缺失，组织实施的方法单一，落实效果欠佳。现代德育的困境是"知性德育"与实际境遇脱节。实际教学时把道德"当作知识来教"（知识德育），把道德"当作思维方式来训练"（思维德育），将德育与教学割裂、内容与形式割裂、认知与情感割裂、知德与行德割裂、德育与生活割裂，学科教学变成了一个与个人品德修养没有什么关系的"学术学科"。在课堂上，教师虽然有学科德育意识，但是缺乏有效的德育方法及手段，无法真正实现学科育人的目的。对北京市某区 300 位中小学一线教师的问卷调查显示，67.48% 的教师认为学科德育可以作为知识技能和思维方式来教授。

---

[1] 王静.小学英语教学中德育渗透研究[D].北京：北京交通大学，2017：22-23.

第二章
学科德育的基本理念

明确学科德育的基本理念是有效开展学科德育工作的基本前提。什么是学科德育？学科与德育有什么关系？学科德育与核心素养、课改教改有什么关系？学科德育的目标、基本遵循和内容有哪些？要解决这些问题，需要明确学科德育的基本内涵、基本范畴、内在规律和主要内容。

第一节 学科德育的基本内涵

理解学科德育的基本内涵，需要抓住德育和学科这两个关键要素。

德育。德育是教育者按照一定社会或阶级的要求，有目的、有计划、有组织地对受教育者施加系统的影响，把一定的社会思想和道德转化为个体的思想意识和道德品质的教育。[1] 西方教育理论将德育称为"moral education"。狭义的德育是指思想品德/道德教育。德育是相对于智育、体育、美育、劳育来说的，经过多年的演进，德育概念已经转变为对影响和造就高素质人才的各种教育实践的总称。而学校德育是指教育工作者组织适合德育对象品德成长的价值环境，促进他们在道德认识、情感和实践能力等方面不断建构和提升的教育活动。简而言之，德育是促进个体道德自主建构的价值引导活动。[2] 2014年，教育部印发的《教育部关于培育和践行社会主义核心价值观进一步加强中小学德育工作的意见》提出，"培育和践行社会主义核心价值观、加强中小学德育是推进中国特色社会主义事业的必然要求，是深化教育领域综合改革、促进学生健康成长的现实选择……切实把立德树人作为教育的根本任务……进一步增强中小学德育的时代性、规律性、实效性"。

学科（教学科目）。学科是依据教育目的、学校的任务、修业年限以及一定年龄阶段的学生的发展水平所组成的科学基础知识的体系。学科应包括公认的科学概念、基本原理、

---

[1] 中国大百科全书总编辑委员会. 中国大百科全书（教育卷）[M]. 北京：中国大百科出版社，1985：221.
[2] 檀传宝. 德育原理[M]. 北京：北京师范大学出版社，2007.

第二章　学科德育的基本理念

基本结构,并能反映这门科学的最新研究成果。[1] 教育部制定的《义务教育课程方案(2022年版)》的科目设置中规定"国家课程设置道德与法治、语文、数学、外语（英语、日语、俄语）、历史、地理、科学、物理、化学、生物学、信息技术、体育与健康、艺术、劳动、综合实践活动等"。《普通高中课程方案（2017年版）》规定"普通高中开设语文、数学、外语、思想政治、历史、地理、物理、化学、生物学、技术（含信息技术和通用技术）、艺术（或音乐、美术）、体育与健康科目和综合实践活动等国家课程，以及校本课程"。

学科德育。学科德育是教师根据各学科特点、学段特点和学生发展需求，充分挖掘学科学习中的德育要素，将具体学科内容链接生活实际，形成具有挑战性的学习任务，学生通过多种形式的实践性学习，提升核心素养、实现知行合一的有意义的教与学的过程。学科德育的基本内涵可见图2-1。

所有学科都蕴含着育人的价值。学科德育的实施主体是各学科教师，每位教师都应努力挖掘各学科蕴含的德育要素，以社会主义核心价值为引领，促进学生道德成长。

图 2-1　学科德育基本内涵示意图

第二节　学科德育的基本范畴

教育工作者明确学科德育的目标，辨析好学科德育与核心素养、课改教改等的关系，可以更加自觉、有效地融合其他工作开展学科德育工作，提高教书育人的整体水平。

一、学科德育目标与德育目标

2017年教育部印发的《中小学德育工作指南》，既明确了中小学德育工作的总体目标，也将德育目标按学段加以细分。

（一）总体目标

培养学生爱党爱国爱人民，增强国家意识和社会责任意识，教育学生理解、认同和拥护国家政治制度，了解中华优秀传统文化和革命文化、社会主义先进文化，增强中国特色

---

[1] 张焕庭. 教育词典[M]. 南京：江苏教育出版社，1989：938-939.

社会主义道路自信、理论自信、制度自信、文化自信，引导学生准确理解和把握社会主义核心价值观的深刻内涵和实践要求，养成良好政治素质、道德品质、法治意识和行为习惯，形成积极健康的人格和良好心理品质，促进学生核心素养提升和全面发展，为学生一生成长奠定坚实的思想基础。

（二）学段目标

初中学段：教育和引导学生热爱中国共产党、热爱祖国、热爱人民，认同中华文化，继承革命传统，弘扬民族精神，理解基本的社会规范和道德规范，树立规则意识、法治观念，培养公民意识，掌握促进身心健康发展的途径和方法，养成热爱劳动、自主自立、意志坚强的生活态度，形成尊重他人、乐于助人、善于合作、勇于创新等良好品质。

高中学段：教育和引导学生热爱中国共产党、热爱祖国、热爱人民，拥护中国特色社会主义道路，弘扬民族精神，增强民族自尊心、自信心和自豪感，增强公民意识、社会责任感和民主法治观念，学习运用马克思主义基本观点和方法观察问题、分析问题和解决问题，学会正确选择人生发展道路的相关知识，具备自主、自立、自强的态度和能力，初步形成正确的世界观、人生观和价值观。

从上述内容可以看出，德育目标在不同学段是循序渐进、螺旋上升的，学科德育的实施要遵循学生认知规律设计课程内容，体现不同学段特点。学科德育目标与德育目标的关系体现在以下三个方面。

1. 学科德育目标是德育目标在各学科的细化落实

学科教学是实现德育目标的主渠道，各学科需结合教学内容在本学段德育目标下制定学科德育目标，将德育目标细化落实，融入教育教学全过程。

2. 学科德育目标的实现为学生的道德发展提供理性基础和文化底蕴

各学科的教学过程是一种特殊形式的认知过程，学生通过各学科的学习掌握系统的科学文化知识，认识客观世界；教师采用参与式、启发式、讨论式和研究性学习等方式创新育人，积极落实各学科德育目标要求。学科德育目标的实现为学生的道德发展提供了理性基础和文化底蕴。

3. 每个学科德育目标的有效达成使得德育目标呈现一致性和连贯性

每位教师承担起德育责任，在每个学科的教学中，实现学科德育目标，以保持德育目标在各学科的一致性和各学段的连贯性。而学科知识逻辑成为达成德育目标的纽带和基石。

学科德育目标与德育目标都是将外在的、他律的道德转化为自律的道德，即内化为学生的道德意识、道德观念，培养学生良好的道德品质，塑造健康人格。

二、学科德育与核心素养

2014年3月,"核心素养"首次出现在《教育部关于全面深化课程改革 落实立德树人根本任务的意见》中,"学生发展核心素养"的内涵被界定为"学生应具备的适应终身发展和社会发展需要的必备品格和关键能力"。"核心素养"被置于深化课程改革、落实立德树人根本任务的首要位置,成为研制学业质量标准、修订课程方案和课程标准的重要依据。2016年9月,《中国学生发展核心素养》研究成果发布,将中国学生发展核心素养分为文化基础、自主发展、社会参与3个大方面,凝练出人文底蕴、科学精神、学会学习、健康生活、责任担当、实践创新6大素养,具体细化为国家认同等18个基本要点(详见表2-1)。中国教育进入核心素养的时代。

表2-1 学科德育与核心素养的联系

三大方面	核心素养	基本要点	重点描述	学科德育范畴
文化基础	人文底蕴	人文积淀	具有古今中外人文领域基本知识和成果的积累;能理解和掌握人文思想中所蕴含的认识方法和实践方法等。	理想信念、社会主义核心价值观、中华优秀传统文化、生态文明、心理健康……
		人文情怀	具有以人为本的意识,尊重、维护人的尊严和价值;能关切人的生存、发展和幸福等。	
		审美情趣	具有艺术知识、技能与方法的积累;能理解和尊重文化艺术的多样性,具有发现、感知、欣赏、评价美的意识和基本能力;具有健康的审美价值取向;具有艺术表达和创意表现的兴趣和意识,能在生活中拓展和升华美等。	
	科学精神	理性思维	崇尚真知,能理解和掌握基本的科学原理和方法;尊重事实和证据,有实证意识和严谨的求知态度;逻辑清晰,能运用科学的思维方式认识事物、解决问题、指导行为等。	
		批判质疑	具有问题意识;能独立思考、独立判断;思维缜密,能多角度、辩证地分析问题,做出选择和决定等。	
		勇于探究	具有好奇心和想象力;能不畏困难,有坚持不懈的探索精神;能大胆尝试,积极寻求有效的问题解决方法等。	
自主发展	学会学习	乐学善学	能正确认识和理解学习的价值,具有积极的学习态度和浓厚的学习兴趣;能养成良好的学习习惯,掌握适合自身的学习方法;能自主学习,具有终身学习的意识和能力等。	
		勤于反思	具有对自己的学习状态进行审视的意识和习惯,善于总结经验;能够根据不同情境和自身实际,选择或调整学习策略和方法等。	
		信息意识	能自觉、有效地获取、评估、鉴别、使用信息;具有数字化生存能力,主动适应"互联网+"等社会信息化发展趋势;具有网络伦理道德与信息安全意识等。	

续表

三大方面	核心素养	基本要点	重点描述	学科德育范畴
自主发展	健康生活	珍爱生命	理解生命意义和人生价值；具有安全意识与自我保护能力；掌握适合自身的运动方法和技能，养成健康文明的行为习惯和生活方式等。	理想信念、社会主义核心价值观、中华优秀传统文化、生态文明、心理健康……
		健全人格	具有积极的心理品质，自信自爱，坚韧乐观；有自制力，能调节和管理自己的情绪，具有抗挫折能力等。	
		自我管理	能正确认识与评估自我；依据自身个性和潜质选择适合的发展方向；合理分配和使用时间与精力；具有达成目标的持续行动力等。	
社会参与	责任担当	社会责任	自尊自律，文明礼貌，诚信友善，宽和待人；孝亲敬长，有感恩之心；热心公益和志愿服务，敬业奉献，具有团队意识和互助精神；能主动作为，履职尽责，对自我和他人负责；能明辨是非，具有规则与法治意识，积极履行公民义务，理性行使公民权利；崇尚自由平等，能维护社会公平正义；热爱并尊重自然，具有绿色生活方式和可持续发展理念及行动等。	
		国家认同	具有国家意识，了解国情历史，认同国民身份，能自觉捍卫国家主权、尊严和利益；具有文化自信，尊重中华民族的优秀文明成果，能传播弘扬中华优秀传统文化和社会主义先进文化；了解中国共产党的历史和光荣传统，具有热爱党、拥护党的意识和行动；理解、接受并自觉践行社会主义核心价值观，具有中国特色社会主义共同理想，有为实现中华民族伟大复兴中国梦而不懈奋斗的信念和行动。	
		国际理解	具有全球意识和开放的心态，了解人类文明进程和世界发展动态；能尊重世界多元文化的多样性和差异性，积极参与跨文化交流；关注人类面临的全球性挑战，理解人类命运共同体的内涵与价值等。	
	实践创新	劳动意识	尊重劳动，具有积极的劳动态度和良好的劳动习惯；具有动手操作能力，掌握一定的劳动技能；在主动参加的家务劳动、生产劳动、公益活动和社会实践中，具有改进和创新劳动方式、提高劳动效率的意识；具有通过诚实合法劳动创造成功生活的意识和行动等。	
		问题解决	善于发现和提出问题，有解决问题的兴趣和热情；能依据特定情境和具体条件，选择制订合理的解决方案；具有在复杂环境中行动的能力等。	
		技术应用	理解技术与人类文明的有机联系，具有学习掌握技术的兴趣和意愿；具有工程思维，能将创意和方案转化为有形物品或对已有物品进行改进与优化等。	

　　中国学生发展核心素养是未来公民的必要素养，是基础教育的重要内容，是一个兼具个人价值和社会价值、具有发展连续性和阶段性的完整体系。"中国学生发展核心素养是党的教育方针的具体化、细化。为建立核心素养与课程教学的内在联系，充分挖掘各学科课程教学对全面贯彻党的教育方针、落实立德树人根本任务、发展素质教育的独特育人价值，各学科基于学科本质凝练了本学科的核心素养，明确了学生学习该学科课程后应达成的正确价值观念、必备品格和关键能力，对知识与技能、过程与方法、情感态度价值观三

维目标进行了整合。"[1]

各学科核心素养体现了学科特质，反映了各个学科的育人价值和育人优势。学科德育通过让学生经历有意义的教与学过程，使得学科核心素养得以落地。

三、学科德育与学科教学

学科课程内存德育价值和科学价值，学科课程是德育的必要基础，德育价值是学科课程的灵魂。

学科课程内存德育价值。知识本身就是人类的理性认识，学生不仅能够从学科课程中掌握科学知识与技能，更能在潜移默化之中养成严谨严密、客观求真、团结合作的精神气质。学科教学在教给学生科学知识技能的同时，也成为培养学生美德的重要途径。学科教学本身蕴含着德育内容，学科与德育密不可分。作为知识传递过程的教学和形成善的意志的道德教育是统一的；教学如果没有进行道德的教育，只是一种没有目的的手段。道德教育如果没有教学，则是一种失去了手段的目的。

学科教学是道德判断和道德行为的必要基础。系统的学科学习为德育打下必要的基础。学科课程是从各门科学领域中选择部分内容、分门别类组织起来的课程体系，本身就具有科学性、思辨性和教育性，学科中的逻辑分析、思维能力、研究方法、推理品质等学科核心素养要素与学科德育目标是完全融合统一的，因此学科教学成为学科德育的必要基础。其中，专门的德育课程是专门的系统化的德育，而学科德育是间接的融合式的德育，两者都是为了达成共同的德育目标。

防止教学与道德分离的二元思维和教学实践中的德育形式主义现象。以往，学科教学长期以知识技能的传授为中心，追求教学的工具价值，忽视课程本身固有的道德价值，疏于学科思想的启迪和人文素养的培育，容易导致"德育无关化"。新课程改革促使课程回归人的生活世界，尊重人全方位的主体地位，重视课程与教学的育人价值，但把握好学科教学与德育相辅相成的关系，还要防止生拉硬套，防止在学科课程教学中生硬植入德育内容。在强化学科德育进程中，要高度警惕德育过载和教书育人割裂的现象。

四、学科德育与教改课改

所谓教改，有广义和狭义之分。广义上，教改是指教育改革，包括一个国家教育制度等方面的改革；狭义上，教改是指学校的教学改革，包括教学方法、教学手段、教学模式等方面的改革。加强学科德育是教育改革提倡的一个重要方向，是学校教学改革的重要内容。

---

[1] 中华人民共和国教育部. 普通高中语文课程标准（2017年版）[S]. 北京：人民教育出版社，2018：4.

2001年起，中共中央、国务院、教育部颁发了《基础教育课程改革纲要（试行）》等一系列政策文件，开启了新一轮基础教育课程改革。内容涉及课程改革目标、课程结构、课程标准、教学过程、教材开发与管理、课程评价、课程管理、教师的培养和培训、课程改革的组织与实施等方面，新课改促使学科德育价值回归。前述的系列课改文件中明确了学科教学要注重落实立德树人的根本任务，不断加强学科的育人功能。

第三节 学科德育的内在规律

学科德育实践需要遵循其内在的基本规律和外在要求，这些原则和规律贯穿和指导着学科德育的具体实践。

一、解决三对基本矛盾

一是"社会主义核心价值观"与"社会多元价值观"之间的矛盾。改革开放以来，由于价值主体、价值标准、价值取向等越来越多元化，自然就会出现多元价值观对主流核心价值观的冲击。社会主义核心价值观是大德，学科德育须坚持社会主义核心价值观作为统领。二是学科教学本身的逻辑性与学科德育的融入之间的矛盾。学科知识体系是逻辑连贯的，是可以量化评估的。而德育目标是点状的、隐性的，效果展现在心理和行为层次，是难以量化评估的。学科德育须遵循学科教学的逻辑性，自然融入学科教学全过程之中。三是学科德育要求高与教师教学能力相对不足的矛盾。教学能力不足包括教师学科德育能力和教学资源不足。学科德育成为新时代对每位教师提出的新要求，而教师现有的教学理念、教学能力和教学资源还难以满足学科德育的高要求。因此，提升教师育德能力是学科德育的着力点。

二、遵循三项基本原则

一是坚持社会主义核心价值观引领：以社会主义核心价值观为引领，充分发挥学科的育人功能，实现学科教学与社会主义核心价值观教育的有机融合。二是坚持核心素养培育导向：以学生发展核心素养和学科核心素养为导向，在学科教学中有效落实学科育人目标，实现价值观念、必备品格和关键能力的培养。三是坚持学科教学"明线"和德育"暗线"的有机交融：在学科德育实施过程中，以学科知识、学科技能、学科思维等学科内容为显性目标，以德育范畴在学科教学中的落实为隐性目标，找准二者的结合点，在教学过程中，潜移默化地进行学科德育，实现"无痕"和有效的学科德育。外在刻意的育人模式是学科德育的大忌。

三、把握三个基本功能

立德树人，培养社会主义建设者和接班人，是学科德育最重要的功能，体现在三个方面。第一，学科德育具有个体生长功能。通过学习活动引导学生领会、体验人生的幸福、崇高和人格尊严，自觉地控制自身的欲望、有效地调节自己的情绪、理智地选择自己的行为。第二，学科德育具有公民教育功能。学科德育的正义功能主要体现在培养合格的社会公民，即公民享有基本权利，并承担相应的义务。第三，学科德育具有社会发展功能。学科德育贯彻落实党和国家教育方针政策，培养合格的建设者和接班人，推动社会发展和民族复兴；培养学生良好的社会公德和道德人格，形成健康向上的社会风气，促进社会经济、社会文化的良性发展。

四、树立三个基本理念

一是**把握学科本质，体现学科思想与方法**。一节好的学科德育课首先是一节好课，要依据学科课程标准，把握学科本质，深入理解学科知识、思想及方法，围绕学科育人目标，整体改进课堂教学设计与"教—学—评"的模式。二是**遵循"教学具有教育性"的规律**。德育价值的程度、指向性固然不同，但它是各学科教学任务所固有的，挖掘学科自身蕴含的德育价值，将共性的德育范畴与学科独特的德育要素有机结合，将教学的教育性贯穿于教学过程始终，体现在教学结构的各个方面，体现学科教学本身的育人价值。三是**教学与德育相融共生**。学科德育不是简单的"学科＋德育"，不是在学科教学之外附加一个德育的任务，不是贴标签，而是结合学科教学内容和学生实际，通过具体的学习活动将二者有机融合在一起，真正实现教书与育人相统一。

第四节 学科德育的主要内容

《中小学德育工作指南》列出了学校德育工作五个方面的内容，涵盖了理想信念和价值观、基本道德品质和公民道德、基本文明习惯和行为规范等层次。

一、理想信念教育

开展马列主义、毛泽东思想学习教育，加强中国特色社会主义理论体系学习教育，引导学生深入学习习近平总书记系列重要讲话精神，领会党中央治国理政新理念新思想新战略。加强中国历史特别是近现代史教育、革命文化教育、中国特色社会主义宣传教育、中国梦主题宣传教育、时事政策教育，引导学生深入了解中国革命史、中国共产党史、改革开放史和社会主义发展史，继承革命传统，传承红色基因，深刻领会实现中华民族伟大复兴是中华民族近代以来最伟大的梦想，培养学生对党的政治认同、情感认同、价值认同，不断树立为共产主义远大理想和中国特色社会主义共同理想而奋斗的信念和信心。

二、社会主义核心价值观教育

把社会主义核心价值观融入国民教育全过程，落实到中小学教育教学和管理服务各环节，深入开展爱国主义教育、国情教育、国家安全教育、民族团结教育、法治教育、诚信教育、文明礼仪教育等，引导学生牢牢把握富强、民主、文明、和谐作为国家层面的价值目标，深刻理解自由、平等、公正、法治作为社会层面的价值取向，自觉遵守爱国、敬业、诚信、友善作为公民层面的价值准则，将社会主义核心价值观内化于心、外化于行。

三、中华优秀传统文化教育

开展家国情怀教育、社会关爱教育和人格修养教育，传承发展中华优秀传统文化，大力弘扬核心思想理念、中华传统美德、中华人文精神，引导学生了解中华优秀传统文化的历史渊源、发展脉络、精神内涵，增强文化自觉和文化自信。

四、生态文明教育

加强节约教育和环境保护教育，开展大气、土地、水、粮食等资源的基本国情教育，帮助学生了解祖国的大好河山和地理地貌，开展节粮节水节电教育活动，推动实行垃圾分类，倡导绿色消费，引导学生树立尊重自然、顺应自然、保护自然的发展理念，养成勤俭节约、低碳环保、自觉劳动的生活习惯，形成健康文明的生活方式。

五、心理健康教育

开展认识自我、尊重生命、学会学习、人际交往、情绪调适、升学择业、人生规划以

第二章　学科德育的基本理念

及适应社会生活等方面的教育，引导学生增强调控心理、自主自助、应对挫折、适应环境的能力，培养学生健全的人格、积极的心态和良好的个性心理品质。

以上五大方面的内容具有统摄性，各学科可结合教学内容找到与五方面内容的契合点，通过学科教学予以落实。此外，各学科还具有学科特色的育人要素，例如数学、科学、物理、化学、生物学科对学生科学精神、科学方法、科学态度、科学探究能力和逻辑思维能力的培养；外语课对学生国际视野、国际理解和综合人文素养的培养等。因此，学科德育的内容应当是"5+X"，即理想信念教育、社会主义核心价值观教育、中华优秀传统文化教育、生态文明教育、心理健康教育5个方面和X个学科特色的德育内容。

第三章 学科德育的策略和方法

学科德育融科学理念和创造性实践于一体。科学理念只有转化为可操作的策略与方法，才能在实践中产生实效。提供比较系统的实践策略与方法，是编写《手册》的重要内容。

第一节 学科德育的主要策略

策略是从理论走向实践的路径和方法。学科德育突出学生主体地位，具体策略如下。

一、意义化策略

意义化策略是指引导学生从课程学习和实践中明晰知识的价值与意义，找到有价值的方向，自主做出有意义的选择。教师引导学生理解和把握知识背后隐含的学科思想、学科方法及实践价值，从而达到理解知识、理解他人、了解自我、感悟世界、感悟生命、感悟人生的情感目标和价值观目标，将知识上升到人的德行、精神世界与价值观的建构上。

二、情境化策略

良好的教学情境可以使知识形象化、具体化、生活化，提升认知的探究性、学科性、情感性和趣味性。情境化策略就是创设真实的教学情境，通过真问题、真场景或者真活动，引发学生认知和情感冲突，让其体验判断、选择、评价和行动等过程，引导学生实现道德的自主建构。情境化策略的基本程序是：设计挑战性任务或问题—提供促进学生理解与行动的学习工具和支架—培养学生价值观念、必备品格和关键能力。

三、深度化策略

所谓深度，就是触及事物内部和本质的程度。深度化策略是指教师把握学科本质，深入发掘学科课程的思想内涵，用学科特有的精神和文化去涵养学生的道德品质，用学科本身的魅力和美感去激发学生的学习动力，用一语道破、点石成金的方式帮助学生解决困惑，提升道德认知，完善道德行为。在教师的引领下，学生围绕着有挑战性的学习任务，全身心投入课堂实践，在体验中获得感悟，将知识转化为素养。

四、多路径协同策略

多路径协同策略是指兼顾教学的各个要素，从教学内容、教学方式与方法、教学过程、教学空间（课堂内外）等不同角度，形成多样路径，全面实施学科德育。教学内容、教学的方式与方法、课外活动中落实的学科德育更多地体现为教师主动挖掘德育资源、预设德育内容。教学过程中的学科德育不仅包括对上述预设内容的落实，而且表现为教师运用教育智慧对教学过程中出现的现象、问题等进行判断与回应。教学过程中的德育往往面对真实的道德冲突，对学生成长的意义重大。从不同角度、多路径实施学科德育体现了全过程育人，有利于提高学科育人的整体水平。

第二节　学科德育的基本方法

抓住学科德育的本质，着眼各个教学要素，兼顾各个教学环节，力求在学科教学中实现多个目标的融合式达成，以下方法可供选择和参考。

一、挖掘学科学习中的德育要素，找准链接的关键内容

各学科中蕴含着丰富的德育要素，应充分挖掘、精准把握。《中小学德育工作指南》指出，语文、历史、地理等课要利用课程中语言文字、传统文化、历史地理常识等丰富的思想道德教育因素，潜移默化地对学生进行世界观、人生观和价值观的引导；数学、科学、物理、化学、生物等课要加强对学生科学精神、科学方法、科学态度、科学探究能力和逻辑思维能力的培养，促进学生树立勇于创新、求真求实的思想品质；音乐、体育、美术、

艺术等课要加强对学生审美情趣、健康体魄、意志品质、人文素养和生活方式的培养；外语课要加强对学生国际视野、国际理解和综合人文素养的培养；综合实践活动课要加强对学生生活技能、劳动习惯、动手实践和合作交流能力的培养。

教师在教学中，一方面依据课程标准，分析本学科对学生发展的独特价值，挖掘教学内容的思想内涵；另一方面进行学情分析，包括学生的年龄特点，以及道德发展的基础、需求和难点。教师结合教学内容分析和学情分析，充分挖掘学科学习中的德育要素，找准链接的关键内容，设计学习活动。

二、将教学内容与学生学习、生活实际相结合，创设真实的学习情境

真实的学习情境既是教学的起点，又贯穿于学习全过程，能够促成学生进行有意义、有深度的学习，将学科知识、学科技能、学科思维与真实的学习情境相结合，将德育目标与真实的学习情境相融合。教师创设学生可参与或可感受的真实情境，引导学生在情境中学习，在学习中思考，在思考中进行价值判断，帮助学生树立正确的价值观念。

"情境"在各学科"课程标准"中都有明确的表述，根据学科特性的不同，基于学科教学实施和学习评价的实际情况，不同学科的"课程标准"对"情境"进行了不同的分类。《普通高中语文课程标准（2017年版）》将情境划分为"个人体验情境""社会生活情境""学科认知情境"，《普通高中数学课程标准（2017年版）》将情境划分为"现实情境""数学情境""科学情境"，《普通高中地理课程标准（2017年版）》将情境划分为"联系学生日常生活的情境""地理与生产联系的情境""地理学术情境"，《普通高中历史课程标准（2017年版）》将情境划分为"学习情境""生活情境""社会情境""学术情境"，《普通高中美术课程标准（2017年版）》将情境划分为"个人情境""社会情境""生活与职业情境"，《普通高中通用技术课程标准（2017年版）》将情境划分为"明确、简单、结构良好的学科化情境""整合的学科化情境""复杂的、结构不良的现实情境"。《普通高中物理课程标准（2017年版）》虽没有对情境进行明确的分类，但提到了"生活情境"和"物理情境"的概念。对这些分类进行梳理，寻找其共性特征，可以把"情境"划分为"生活情境"和"学科情境"两大类。"生活情境"包括个人生活、家庭生活、社区生活乃至更广阔的社会生活；"学科情境"包括学科语境下的学习体验、学术探究、跨学科学习实践等。两类情境都可以促进学生真实而有深度的学习。

真实的学习情境是与教学过程、学习过程相统一的问题情境、任务情境、活动情境等，而不只是单纯的"情境导入"。整个学习过程应围绕着真实的学习情境发生、发展。教师在发现或创设真实的学习情境的过程中，除了考虑学科本身的逻辑外，还要考虑情境的育人价值。好的学习情境的创设，能够使学生在学习过程中受到潜移默化的影响，在面对真

问题、完成真任务的过程中，获得真实体验，实现认识提升。因此，真实情境的创设，是学科德育的重要实施策略。

三、设计富有挑战性的学习任务，将知识应用到真实问题的解决中

挑战性的学习任务具有以下特征：①有可探究性，学生之前未解决过类似问题，能够激发学生学习潜能；②问题具有思辨性、挑战性和开放性，能引发认知冲突或价值冲突；③学习过程与结果不具有可直接预见性；④问题或任务可能引起学生焦虑，需要小组合作完成。

教师根据指向素养发展的学习目标，遵循"最近发展区"理论，设计有驱动性、挑战性的学习任务和问题，再根据任务设计相应的学习活动。学生在完成挑战性任务的过程中，将课堂所学迁移应用到真实问题的解决之中，体验精神成长，实现学科的育人价值。

四、找准评价的关键要素，在教学过程中进行持续性学习评价

评价是对学生学习目标（含德育目标）达成度的评估与反馈。评价的目的是帮助学习者明确学习目标，认清学习现状，掌握提升的方法，促进学生成长。持续性学习评价是为改进学生的学习，针对学生的学习活动向学生提供持续性反馈的过程。持续性学习评价嵌入在学习过程之中，既包括过程性评价，也包括终结性评价，需要随时了解目标的达成情况，随时监测与调控学习过程，随时进行反馈和指导。持续性学习评价的实现需要3个要素协同作用，即建立评价标准、提供反馈指导和促进反思改进。这样的评价具有3个特性：一是根据学习目标制订评价标准，设计评价方案，具有明确的指向性；二是反馈信息既包括学生已做到了什么，具有激励性，也包括后续的学习任务、目标，具有引领性；三是指导学生如何改进、如何进行下一阶段学习，具有指导性。

五、细心观察，捕捉教学中随机生成的德育契机

只有细心观察才可以充分了解学生，发现更为可贵的德育资源和德育契机，明确学生在道德发展中面临的问题，继而有针对性地进行德育工作。从对象上看，可以分别对学生整体和个人进行观察，这样既能关照学生中存在的共性问题，也可以关照个性问题；从内容上看，可以观察学生的动作、语言、神情、服装，也可以观察学生的作业、作品中的细节；从时机上看，可以关注课内与课外不同场域中存在的教育契机。

第四章
实施学科德育的专业保障

学科德育功在当代，利在千秋。实施学科德育的主体在教师，教师学科德育能力的提升一方面需要教师自身不断提升学科德育素养，另一方面需要学校和区域从教研层面提供强劲的专业支撑。

第一节 教师自主提升学科德育素养

寓德育于各科教学内容和教学过程之中，是每一个教师的职责。教师是学科教学的设计者，是开放包容、平等互助的学习氛围的创设者，是学科德育的探究者和实施者。因此，教师作为学习主导者和支持者，其德育价值需引起重视，教师的思想政治素质、道德修养以及学科德育专业素养需不断提升。

一、提高思想政治素质

2018年5月2日，习近平总书记在北京大学师生座谈会上的讲话指出："教师思想政治状况具有很强的示范性。要坚持教育者先受教育，让教师更好担当起学生健康成长指导者和引路人的责任。"因此，教师要努力提高自身思想政治素质，深入学习领会习近平新时代中国特色社会主义思想，树立正确的历史观、民族观、国家观、文化观，坚定中国特色社会主义道路自信、理论自信、制度自信、文化自信，准确理解和把握社会主义核心价值观的深刻内涵，增强价值判断、选择、塑造能力，带头践行社会主义核心价值观。

二、涵养师德修养

"学高为师，身正为范。"教育者对于"道德"内涵与功能的认识和把握，潜在地决定

第四章　实施学科德育的专业保障

了学科德育的实施效果。中小学生的可塑性很强，教师的道德修养和言行举止对他们的影响是巨大而深远的。《中学教师专业标准（试行）》和《小学教师专业标准（试行）》中规定的中小学教师个人修养与行为包括：富有爱心、责任心、耐心和细心；乐观向上、热情开朗、有亲和力；善于自我调节情绪，保持平和心态；勤于学习，不断进取；衣着整洁得体，语言规范健康，举止文明礼貌。教师要提高道德修养，做好行为示范，用人格魅力潜移默化影响学生。

三、精进专业能力

学科德育专业能力包括实施学科德育所需要的基础知识、基本教学能力和环境建设能力。

实施学科德育所需要的基础知识包括道德教育原理、课程与教学论知识、心理学知识、学科教学知识、学科德育策略与方法等。学科德育的基本教学能力包括教学设计、实施与评价能力。教师应树立正确的教育观、学生观，充分把握学科德育的本质与内涵，了解学科德育的最新发展趋势，掌握学科德育实施的策略与方法，不断提升育人能力。学科德育环境建设能力主要指构建学科德育软环境的能力。软环境不仅包括授课所需的教学资源，还包括全新的课堂关系以及民主、包容、和谐的师生关系与生生关系。例如，在课堂教学中，教师关心、关爱、尊重每一个学生，师生关系和谐，无形中对学生进行民主、平等、友善的价值观教育。

第二节　学校和区域通过研修课程提升教师学科德育能力

教师研修是提升教师学科德育能力的有效路径，学校和区域可以发挥不同作用。

首先，学校将学科德育融入教师研修课程，在必修、选修和校本研修课程中，全面融入学科德育研修内容。从以下几个方面开展工作：以社会主义核心价值观为引领，提升教师思想政治素质和德育能力；以中华优秀传统文化为载体，提升教师的文化底蕴；以德育理论学习为主体，提高教师的德育素养；以积极心理学为导引，提高教师心理健康水平及其对积极心理学的运用能力；以思维培训为引擎，提高教师的思维能力及对道德问题的解

25

释力；以教材分析为核心，形成学科德育的目标体系；以课例研讨为媒介，提升本校学科德育的整体水平；以教研组为基本单位，集结学科德育的优势资源。

其次，区域发挥平台和资源优势，为教师专业发展助力。开设学科德育专题研修课程。例如，海淀区将学科德育的研究成果转化为教师研修课程，纳入海淀区"5+M+N"教师专业必修课的 M 课程中，采用专家讲座、研究课观摩、主题研讨等多样方式助力教师提升学科德育能力。通过学科德育优秀课例、优秀论文评比等方式激励教师反思，提炼优秀成果，进一步增强学科德育研究与实施的动力，促进专业成长。通过课例研讨等活动，发挥典型学校、典型学科和骨干教师等优质资源的辐射与带动作用，推动学科教师在共同体中不断成长，促进区域内学科教师德育素养的整体提升。

第三节　教研员引领教研共同体建设，提升教师学科德育能力

教研员发挥示范引领作用，打造一支在思想上有定力、人格上有魅力、学术上有功力、教研上有活力、实践上有能力的学科德育教研共同体。从以下两个方面付出努力。

第一，持续提升学科德育素养。教研员不断学习学科德育相关理论，把握有关政策文件的精神实质，立足学科，提高对学科德育相关问题的理解力、判断力和解释力是发挥教研优势的先决条件。教研员提升学科德育素养主要从 3 个方面着手：一是通过文献阅读和专题研讨等提高专业认识；二是通过课题研究和课例研究增强实践创新能力；三是通过教研反思和论文写作提高理论水平，固化研究成果。

第二，发挥教研的专业优势，加强教研共同体建设，转化研究成果。这方面的工作主要包含以下 5 个方面：一是协同区域内教师，聚焦学科德育关键问题，通过学科德育研讨等活动不断优化和迭代学科德育研修课程；二是运用典型课例，实现学科德育的理念与实践操作的深度融合；三是以评价，包括试题命制，引领教师学科德育的自觉，持续激发其积极性；四是组织教师梳理与提炼研究与实践成果，形成可共享的优质资源；五是发挥言传身教的示范作用，特别是在学科德育研修中以德育德，成为学科德育的积极推动力量。

第二部分 学 科

本部分内容聚焦中学代表性学科的德育范畴、实施建议和典型课例。每个学科均包含明确的"5+X"学科德育范畴。学科德育实施建议从课程标准、学科核心素养出发,分析本学科的育人价值,提出实施学科德育的策略和基本方法。学科德育典型课例包含教学设计、反思与改进、教研员点评等。

第五章 中学政治学科

第一节 学科德育范畴

中学政治学科是中学阶段的思政课。思政课在初中开设道德与法治课程，高中开设思想政治课程，都是落实立德树人根本任务的关键课程。思政课实施学科德育，要围绕课程目标联系学生生活实际，挖掘课程思想内涵，充分利用时政媒体资源，精心设计教学内容，优化教学方法，发展学生道德认知，注重学生的情感体验和道德实践，详见表5-1。

表5-1 中学政治学科德育范畴

德育范畴	内容阐释	示 例
理想信念教育	加强中国特色社会主义和中国梦教育，坚定理想信念，厚植爱国情怀。引导学生深刻领会实现中华民族伟大复兴是中华民族近代以来最伟大的梦想，增强对中国共产党的政治认同、情感认同和价值认同，牢固树立为共产主义远大理想和中国特色社会主义共同理想而奋斗的信念和信心。 深入理解习近平新时代中国特色社会主义思想，领会中国共产党治国理政的新理念、新思想、新战略，做到真学真懂真信真用。	人教版高一必修2经济与社会"使市场在资源配置中起决定性作用"：通过参与"特钢分配"课堂模拟活动和问题探究，阐释中国共产党是中国特色社会主义的领导核心，阐述社会主义市场经济体制的特点，明确社会主义基本经济制度是社会主义市场经济的根基，表达对社会主义市场经济体制、改革开放的认同，坚定走中国特色社会主义道路，展现积极投身中国特色社会主义伟大实践的主人翁意识和社会责任感。
社会主义核心价值观教育	社会主义核心价值观教育要把国家层面的价值目标、社会层面的价值取向、公民个人层面的价值准则有机融入爱国主义教育、国情教育、国家安全教育、民族团结教育、法治教育、诚信教育、文明礼仪教育、廉洁教育、预防未成年人犯罪教育等内容中，将社会主义核心价值观内化于心、外化于行。 以培育社会主义核心价值观为根本目的，引导学生爱党爱国爱社会主义，坚定中国特色社会主义道路自信、理论自信、制度自信、文化自信，形成正确的世界观、人生观、价值观。	人教版高二必修4"价值判断与价值选择"：以"中国梦，我的梦"为议题，通过情境创设与问题设计，探究人类社会的发展规律，明确社会历史的主体，把握社会历史发展的趋势。能够进行正确的价值判断与价值选择，坚定中国特色社会主义道路自信、理论自信、制度自信、文化自信。

第五章　中学政治学科

续表

德育范畴	内容阐释	示　例
5 中华优秀传统文化教育	教育引导学生树立以天下兴亡、匹夫有责为重点的家国情怀，形成以仁爱共济、立己达人为重点的社会关爱意识，养成以正心笃志、崇德弘毅为重点的人格修养。引导学生全面准确地认识中华民族的历史传统、文化积淀，坚定不移走中国特色社会主义文化发展道路。 继承中华优秀传统文化和革命文化，发展社会主义先进文化，尊重世界文化多样性，增强中国特色社会主义文化的自觉和自信。辩证看待传统文化，领会对中华传统文化进行创造性转化、创新性发展的重要意义，弘扬民族精神。辨识各种文化现象，领悟优秀文化作品的影响力和感召力。	人教版高二必修4哲学与文化"文化传承与文化创新"：以"北京中轴线应有怎样的未来"为议题，通过"探秘中轴线的前世今生"的系列任务，了解中华优秀传统文化的价值及在当代的传承，阐释文化创新的路径，感悟中国特色社会主义文化源自中华民族五千多年文明历史所孕育的中华优秀传统文化，增强文化自信的底气；理解坚定文化自信对发展中国特色社会主义文化、实现民族伟大复兴的重要意义。
生态文明教育	引导学生认识自然，学会与自然和谐相处；树立尊重自然、顺应自然、保护自然的绿色发展理念，按照自然规律办事，增强保护环境的自觉性；树立可持续发展观念，养成勤俭节约、低碳环保、自觉劳动的生活习惯，形成健康文明的生活方式。 生态文明建设是关系中华民族永续发展的根本大计。引导学生理解习近平生态文明思想，阐释以人民为中心的发展思想和创新、协调、绿色、开放、共享的新发展理念，探究转变经济发展方式的意义，推进美丽中国建设，实现人与自然和谐共生的现代化。	人教版高一必修2经济与社会"坚持新发展理念"：以"如何坚持新发展理念——聚焦2022北京冬奥会"为议题，结合课前阅读体验与课上探究活动，分析北京和张家口共同申奥、办奥的原因与过程，感受绿色发展理念对促进京津冀协调发展的重要作用。阐释解决我国社会主要矛盾需要贯彻新发展理念，建设现代化经济体系，坚定中国特色社会主义道路自信、理论自信。
心理健康教育	教育引导学生树立正确的人生观和价值观，尊重和敬畏生命，热爱生活，追求生命高度，成就幸福人生。正确认识顺境和逆境的关系，学会调控情绪，能正确看待生活中的挫折，具有迎接挑战的能力，成为具有社会责任感、创新精神和实践能力的德智体美劳全面发展的社会主义建设者和接班人。 养成自尊自信、乐观向上、意志坚强的人生态度。了解青少年身心发展的基本常识，掌握促进身心健康发展的途径与方法。	人教版七年级上册"珍视生命"：以"在逆境中自强不息"为议题，探讨如何正确面对困难和挫折，战胜困难，增强抗挫折能力；感悟生命，阐释生命的价值，表达对生命的尊重和敬畏，进而珍爱生命。明确个体生命是人类生命的接续，与他人生命休戚相关，能认识到实现人生意义应该从日常生活的点滴做起。

29

续表

德育范畴	内容阐释	示例
X	科学精神教育	我国公民的科学精神，就是在认识世界和改造世界的过程中表现出来的一种精神取向。即坚持辩证唯物主义和历史唯物主义观点，用马克思主义基本立场、观点和方法，观察事物、分析问题、解决矛盾；把握好习近平新时代中国特色社会主义思想的世界观和方法论，坚持好、运用好贯穿其中的立场、观点和方法。 解放思想、实事求是，对经济建设、政治建设、文化建设、社会建设和生态文明建设的实践作出科学的解释、正确的价值判断和合理的行为选择，形成正确的价值取向和道德定力，提高辩证思维，从而更好感悟人生智慧，过有意义的生活。 立足基本国情、拓展国际视野、在实践中以锐意进取的态度和负责任的行动增长才干，促进社会和谐。	人教版高一必修1中国特色社会主义"伟大的改革开放"：以"中国为什么能"为议题，通过家庭访谈活动，感知改革开放取得的伟大成就。通过探究中国为什么要实行改革开放，阐释我国实行改革开放这一重大决策的伟大意义，探究解放思想、与时俱进的意义。深刻理解改革开放及中国特色社会主义进入新时代所发生的历史性变革，树立马克思主义的实践观点、历史观点、辩证观点、发展观点，在实践中认识真理、检验真理、发展真理，运用马克思主义基本立场、观点方法观察事物、分析问题、解决矛盾。
	法治意识教育	我国公民的法治意识，就是尊法学法守法用法，自觉参加社会主义法治国家建设。 引导学生明确建设社会主义法治国家，是推进国家治理体系和治理能力现代化的必然要求；全面依法治国，必须坚持党的领导、人民当家作主、依法治国有机统一，坚持依法治国和以德治国相结合，实现科学立法、严格执法、公正司法、全民守法，在全社会树立法治意识。 增强青少年法治意识，有助于他们在生活中依法行使权利、履行义务，严守道德底线，维护公平正义，做社会主义法治的忠实崇尚者、自觉遵守者、坚定捍卫者。	人教版高一必修3政治与法治"法治政府"：以"如何增强政府的公信力和执行力"为议题，围绕北京市政府整治"背街小巷"案例，或者选择2023年国务院机构改革的真实情境，明确这次国务院机构改革的重点是加强科学技术、金融监管、数据管理、乡村振兴、知识产权、老龄工作等重点领域的机构职责优化和调整，转变政府职能，加快建设法治政府。结合情境，说明建设法治政府的要求和措施，分析建设法治政府的重大意义。
	责任意识教育	责任意识是指具备承担责任的认知、态度和情感，并能转化为实际行动。责任意识主要表现为主人翁意识、担当精神和有序参与。 引导学生守规矩、重程序，树立责任意识，提升对自己、家庭、集体、社会、国家和人类的责任感，增强担当精神和参与能力。	人教版八年级上册"服务社会"：通过填写志愿服务活动任务单，明确参与公益活动的途径，阐释服务社会的意义。表达自己参加志愿服务活动的酸、甜、苦、辣，说明服务社会活动对个人成长的意义。增强服务社会、奉献社会的意识，用实际行动践行服务和奉献社会精神。

备注："5"为《中小学德育工作指南》中五个方面的德育内容，是各学科共同的德育范畴；"X"为体现学科本质的学科特色德育内容范畴。

第五章　中学政治学科

第二节　学科德育实施建议

《义务教育道德与法治课程标准（2022年版）》指出："思政课是落实立德树人根本任务的关键课程，道德与法治课程是义务教育阶段的思政课，旨在提升学生思想政治素质、道德修养、法治素养和人格修养等，增强学生做中国人的志气、骨气、底气，为培养以实现中华民族伟大复兴为己任的有理想、有本领、有担当的时代新人打下牢固的思想根基。"《普通高中思想政治课程标准（2017年版2020年修订）》指出，高中思想政治课程以立德树人为根本任务，"以培育社会主义核心价值观为目的，是帮助学生确立正确的政治方向、提高思想政治学科核心素养、增强社会理解和参与能力的综合性、活动型学科课程"。

《教育部关于进一步加强新时代中小学思政课建设的意见》强调，"有针对性地进行中国特色社会主义和中国梦教育、社会主义核心价值观教育、法治教育、铸牢中华民族共同体意识教育、劳动教育、生态文明教育、心理健康教育等；常态化制度化开展理想信念教育，持续抓好党史学习教育，加强爱国主义、集体主义、社会主义教育，持续深化党的领导、社会主义先进文化、革命文化、中华优秀传统文化等各类主题教育；充分利用新时代的伟大实践成就和时政要闻、重大活动、乡村振兴、抗击疫情、奥运精神等方面形成的教育资源，丰富思政课教育内容，有机融入课堂教学"。上好道德与法治课、思想政治课，就要针对不同学段学生认知规律，创新教师教与学生学的方式方法。要充分运用案例式、议题式、体验式、项目式等多种教学方法，融合应用现代信息技术，推进基于真实情境的教学；积极采用小组学习、问题解析、学生讲述等课堂形式，注重用好学生身边可知可感的生动事例和典型人物，充分调动学生参与思政课的积极性主动性。教师要以鲜活的语言、真挚的感情，善于用讲故事的方式，把道理讲深、讲透、讲活，着力增强课堂教学实效，打动心灵、感动学生、入脑入心。

一、围绕议题，设计活动型学科课程的教学

思想政治课程力求构建学科逻辑与实践逻辑、理论逻辑与生活关切相结合的活动型学科课程，而活动型学科课程实施的重要抓手就是围绕议题，即具有"辨析性"和"两难性"的争议性问题，展开学习活动，在活动中反思生活，分析和解决问题，做到"教学内容活动化、活动设计内容化"，使议题成为教学设计和承载教学内容的重要形式。

议题既要包含学科的具体内容，又要展示价值判断的基本观点；既具有开放性、引领性，又体现教学重点、针对学习难点。设计和确定议题前，要了解学生对该议题的认识状

况及原有经验，以提高教学的针对性、实效性；还要了解议题的实践价值，创设丰富多样的教学情境，引导学生面对生活世界的各种现实问题。

围绕议题展开的活动设计，包括提示学生思考问题的情境、运用资料的方法、共同探究的策略，并为学生提供表达和解释的机会。例如"使市场在资源配置中起决定性作用"一课，教师围绕议题"如何更好地配置资源"，创设"特钢分配"情境：特钢强度和韧性高，或精度高，因其独特而出众的性能广泛应用于航天、核电、高铁、汽车等许多高端领域，市场需求广泛。在这一情境中设计学生活动——对比分析计划、抽签、排队、市场等多种资源配置方式，引导学生对"特钢"这一稀缺资源的配置方式发表不同意见，引发学生讨论。在对"如何更好地配置资源"这一议题的思考和表达中，突显市场在资源配置中的决定性作用，从而增强对社会主义市场经济体制、我国改革开放政策的认同。

所选议题应符合重要性、探究性、开放性和生活化的标准，还要依据课程标准，紧扣社会热点和学生实际，既可以充分利用课程标准中的议题，也可以自主开发议题。例如，文化现象是复杂的，关于"打麻将"就有两种不同观点。一种观点认为，打麻将是传统文化。作为一种广受人们欢迎的娱乐方式，它有利于在消遣的过程中联络感情、愉悦心情，涵养性情，应该受到保护。另一种观点认为，打麻将是落后文化，它不仅诱使人们把大量宝贵时间花费在毫无意义的活动中，而且已经成为众多赌徒采用的赌博方式，应该予以抵制。这样的"议题"学生都有话可说，既能辨识文化现象，又能辩证看待传统文化。

二、创设情境，给予学生最深刻的情感体验

情境是知识转化为素养的重要途径，也是避免德育沦为说教的有效方式。在课堂教学中，概念的建立需要创设情境，规律的探究需要创设情境，应用知识解决问题也需要创设情境，培育学生的学科核心素养、引导学生坚持正确的思想政治方向、树立正确的价值观等都需要创设真实、具体、富有价值的问题解决情境。

思想政治课的情境，可以依据不同标准进行分类。从要素的构成上，可以划分为简单情境、一般情境、复杂情境和具有挑战性的复杂情境；从结构的序列性上，可以划分为优良结构的情境和不良结构的情境等。

如何选择和创设好的情境呢？一要关联真实的现实生活。如关联经济与社会、政治与法治以及文化生活中的时政素材，或发生在学生身边的衣食住行、人际交往等日常生活素材。二要链接思想政治教育要素。如根据课程标准和学生发展需求，充分挖掘教学内容中的思想教育内涵，引导学生在生活中学习，在学习中思考，在思考中进行价值判断，树立正确价值观。

例如，"使市场在资源配置中起决定性作用"这节课，教师在教学中模拟"特钢分配"的情境：某特钢公司近期的供给量是40万吨。建筑公司、新能源汽车企业、高铁制造企业，

以及慕名而来的"钢铁侠",都想从特钢企业采购自己需要的钢材,这40万吨特钢该如何分呢?请每位同学选择一个角色,角色信息见表5-2。

表 5-2　课堂活动角色信息

角　色	供给量/需求量（万吨）	采购预算（元/吨）
特钢企业（供给方）	40	
政府		
建筑公司（需求方）	10	≤5000
新能源汽车企业（需求方）	40	≤6000
高铁制造企业（需求方）	20	≤6000
"钢铁侠"（需求方）	20	≤5000

教师将学生分为若干小组,每组获得一个"锦囊",里面有一种配置方案（见表5-3）,请大家思考、讨论是否支持锦囊中的分配方案并说明原因。

表 5-3　学生分组后随机接到的分配"锦囊"

锦　囊　一	根据政府要求,40万吨特钢分配给新能源汽车企业
锦　囊　二	通过摇号获得,中签的两家企业各获得20万吨特钢
锦　囊　三	钢材出库时,先到钢厂取货的企业先得,售完即止

教师通过创设情境,引导学生对比分析计划、抽签、排队三种方式配置资源的优点与局限性,这个情境可操作性强,并且凭借这个活动情境,引出学科概念,即市场,引导学生经历自主学习、合作探究的学习过程,促进学生对市场配置资源方式的理解,给学生深刻的情感体验,从而真学真懂真信真用所学的市场经济知识,分析经济现象,解决经济问题。

三、强化辨析,设计具有挑战性的学习任务

思想政治课教学,必须凸显价值引领的意义,这就需要教师选择积极价值引领的学习路径,设计探究性的辨析活动。活动前,可以为学生学习提供几个讨论和研究的问题,并在学生自主学习过程中给予足够的尊重和恰当的指导、点拨、释疑。活动中,让学生充分展示自己的观点,在价值冲突中深化理解知识,在比较、鉴别中提高认识,引领学生认同、践行社会主义核心价值观。活动后,适时对学习活动进行总结、提升、评价、反馈。

例如"使市场在资源配置中起决定性作用"一课,通过探究"特钢分配"问题,给学生提供思考、表达和解释的机会,学生在活动体验中生成、感悟学科观点。面对不同的"特钢分配"方案,学生亲历自主辨识、分析的过程,在比较鉴别中提高了认识、深化了理解。通过分析我国钢铁产业发展的过去、现在和未来,引导学生关注新时代钢铁产业的发展,

以及如何促进钢铁行业高质量发展，从而认同中国特色社会主义市场经济，坚信"两只手"优于"一只手"。这样既有理论的广度和厚度，又有对现实的关注和思考，激发了学生积极投身社会主义市场经济建设的意识和担当。

再如"传统文化的继承"一课，教师围绕"传统文化是财富还是包袱"这一问题，引导学生分组辩论，赞成"传统文化是财富"的同学为正方，赞成"传统文化是包袱"的为反方，中间方为评委。学生选择自己感兴趣的、认为有价值的一方参与讨论交流，凝聚共识，同时积极参与讨论，并将研讨成果在全班展示，接受同学或教师评判。

四、科学评价，坚持求同和求异取向相结合

教学评价是促进学生成长的重要手段。实施教学评价，教师要为学生提供有针对性的量化及表现性评价结果，从而促进学生学习的主动性和创造性，提高面对复杂、不确定的现实问题时解决问题的能力，促进学生言行一致、知情意行统一。

思想政治课程是活动型学科课程，这是思想政治课程与教学的重要理论创新，也是符合学生身心发展与立德树人要求的教学改革新探索。针对活动型学科课程的评价，一般来说，可以采用"求同"与"求异"取向相结合的评价思路。"求同"，即评价必须有"统一要求""共同标准"，如坚持正确的思想政治方向，具有正确的价值观念，能够提升思想政治学科核心素养等。"求异"的过程就是学生充分展示思维独特性的过程，在坚持"统一要求"的前提下，鼓励学生运用学科知识和技能，基于不同经验、不同视角、不同素材、不同见解，提出不同的问题解决方案。例如，围绕"传统文化是财富还是包袱"这一问题，正方和反方采用何种方式、引用什么材料、归纳多少要点，并无标准答案。因为每个答案都有差异，又都有其合理之处。但对于"共同标准"的达成度来说，却有视角之差、深浅之别。在辨析过程中，教师要引导正方和反方的学生先自我评价，然后请学生评委依据一定标准，对正反方的表现进行互动点评。学生在反馈纠正的基础上，及时拓展提升，从而形成正确对待传统文化的态度和立场。

需要说明的是，评价框架的构成应该有四个关键要素：关键行为表现、学科任务、评价情境和学科内容。在这个框架中，通过"学科任务、评价情境、学科内容"的有机整合，在学科任务的完成中，教师根据学生完成任务的质量，可以推断其道德发展水平和学科核心素养发展水平。

五、综合教学，迈入社会实践活动的大课堂

思想政治课不同于单一学科课程，习近平总书记曾在学校思想政治理论课教师座谈会上指出，"思政课教学涉及马克思主义哲学、政治经济学、科学社会主义，涉及经济、政

治、文化、社会、生态文明和党的建设，涉及改革发展稳定、内政外交国防、治党治国治军，涉及党史、国史、改革开放史、社会主义发展史，涉及世界史、国际共运史，涉及世情、国情、党情、民情，等等"，具有综合性。这门课程不是为了使学生学科知识更加完备，而是为了满足学生社会化成长的需要，因此宜采取"综合性"教学，既强调学习内容的跨学科性，又强调问题指向的复杂性，还强调学习方式的多样化。

例如，"民族区域自治制度"一课讲述民族团结的重要性，教师可以从哲学的视角，用整体与部分的关系或系统与要素的关系，阐述民族团结是衡量一个国家综合国力的重要标志之一；可以从政治学的视角，分析民族平等是民族团结的前提，各民族共同繁荣有利于促进民族团结；可以从经济学的视角，分析民族间经济发展程度的差异会妨碍民族团结；可以从文化学的视角，分析各民族之间由于风俗习惯、宗教信仰等差异，在就业、社交、治安、居住、教育等方面出现的一些摩擦和矛盾，也会妨碍民族团结。综合所学知识，可以从坚持民族平等、统筹发展各民族的经济文化、妥善处理具体问题上的矛盾、坚决反对分裂主义分子的破坏活动等方面采取有效措施，加强民族团结。这样，就能引导学生整合相关知识，以综合性的思想政治学习内容为载体，凭借相关情境的创设，通过自主、合作、探究等学习方式主动获取综合的知识和视点，发展综合能力，提高综合素质。

学科内容的教学与社会实践活动相结合，是活动型学科课程的显著特点。社会实践活动包括志愿服务、社会调查、专题访谈、参观访问，以及各种职业体验等。校外实践活动为教学提供了更广阔的空间、更丰富的资源、更真实的情境。开展社会实践活动，要从学生的成长需要出发，注重乡土资源的开发与利用，丰富教学内容，加深学生对社会的认识和理解。教师可以紧扣从课程内容中提炼出来的"主题"，组织学生参与社区公共问题的改进、地方文化保护等志愿者活动，引导学生通过关注、服务公共事务以理解问题解决的复杂性，认识到社会矛盾和社会差异的现实性和长期性，尊重文化差异，自觉承担社会责任。

第三节　学科德育典型课例

基本信息

教师姓名	于沺	学　　校	清华大学附属中学
教学年级	高一	教科书版本及章节	人教版《思想政治》高一必修2《经济与社会》第一单元第二课

一、单元教学设计

单元学习主题	我国的社会主义市场经济体制

（一）单元教学设计说明

本单元依据习近平经济思想，解析社会主义市场经济体制的基本特征，帮助学生全面理解坚持和完善社会主义市场经济体制的意义，坚定中国特色社会主义道路自信、理论自信、制度自信、文化自信，提升参与新时代中国特色社会主义建设的自觉性和能力。

本单元是《经济与社会》教材的第二课，讲述中国特色社会主义经济建设中的基本原理，介绍我国经济社会建设所处的基本制度环境与经济体制背景，以及经济社会活动的舞台背景。这些内容不仅可以培养学生参与中国特色社会主义现代化经济建设的正确价值观、必备品格与关键能力，也是学习其他课程的基础。

本单元教学内容落实《普通高中思想政治课程标准（2017年版2020年修订）》中的两点内容要求：①了解各种所有制经济的地位与作用，阐释公有制经济与非公有制经济相互促进、共同发展，明确坚持毫不动摇巩固和发展公有制经济，毫不动摇鼓励、支持、引导非公有制经济发展。②阐述建设高标准市场体系的意义，辨析经济运行中政府与市场的关系，解析宏观调控的目标与手段。教学提示如下：①以"为什么'两只手'优于'一只手'"为议题，探究在资源配置中市场起决定性作用，更好发挥政府作用的道理，明确社会主义市场经济体制的特点。可结合企业经营活动的特点，或调研某商品的生产和销售，引用典型案例，说明市场在资源配置中如何发挥决定性作用。可调研某市场，分析市场调节的局限性，就如何更好发挥政府作用提出建议。②以"怎样保持经济平稳运行"为议题，探究正确运用宏观调控手段，实现宏观调控目标。可收集有关资料，了解国内生产总值的构成，讨论国内生产总值作为宏观经济统计指标存在的价值与不足，并利用国内生产总值的数据，解析宏观调控的意义。可邀请专家或银行、财政部门的管理者举办一场关于宏观经济调控的讲座；或收集实例，探究如何随着宏观经济形势的变化合理运用调控手段。

（二）单元学习目标与重难点

1. 学习目标

（1）通过参与课堂模拟活动，了解不同资源配置方式的运行机制、优点和局限性，既全面、辩证地看待各种配置方式，又能深度理解市场调节的意义，体会其发挥决定性作用的地位，明确社会主义市场经济体制的特点，增强对社会主义市场经济体制、中国改革开放的认同。

（2）结合课堂案例并联系身边的经济现象，对市场中存在的问题进行分析、反馈，了解市场体系的构成及运作，理解建立统一开放、竞争有序的市场体系的必要性，并提出措施建议，树立规则意识、法治意识。

（3）通过分析相关情境，阐明市场调节的局限性，明确更好发挥政府作用的必要性；阐释宏观调控的重要作用，理解"两只手"优于"一只手"。

（4）结合我国改革开放以来经济社会发展取得的成就和课堂活动的直观感受，明确社会主义市场经济体制的基本特征，体会社会主义市场经济体制的优越性，增强积极投身社会主义市场经济建设的意识。

2. 学习重点

（1）市场在资源配置中起决定性作用。
（2）市场经济的优点及局限性，"两只手"优于"一只手"。
（3）社会主义市场经济体制的基本特征和显著优势。

3. 学习难点

（1）统一开放、竞争有序的市场体系，是使市场在资源配置中起决定性作用的基础。
（2）我国政府的经济职能和作用。

（三）单元整体教学思路

本单元内容体量大、综合性强，并且前后关联紧密。整合教材顺序，单元整体教学设计（见图 5-1）为"是什么—为什么—怎么做"三个层面，以综述—分述—综述的方式呈现，引导学生领悟社会主义市场经济体制的优越性。

思路	议题	学习重点	课时
是什么	1. 社会主义市场经济体制如何成就"中国奇迹"？	社会主义市场经济体制的基本特征和显著优势	第一课时
为什么	2. 如何更好地配置资源？	市场在资源配置中起决定性作用 统一开放、竞争有序的市场体系，是使市场在资源配置中起决定性作用的基础	第二、三课时
为什么	3. 为什么"两只手"优于"一只手"？	市场调节的局限性 我国政府的经济职能	第四课时
怎么做	4. 有效市场与有为政府如何共同发力？	市场机制有效 微观主体有活力 宏观调控有度	第五课时

图 5-1 单元教学结构

二、课时教学设计

课题	如何更好地配置资源		
课型	新授课 ☑ 习题/试卷讲评课 ☐	章/单元复习课 ☐ 学科实践活动课 ☐	专题复习课 ☐ 其他 ☐

（一）教学内容分析

第二课"我国的社会主义市场经济体制"由引言和两框构成。第一框"使市场在资源配置中起决定性作用"，讲述了市场在资源配置中的优势、市场在资源配置中起决定性作用的条件及市场调节的局限性。第二框"更好发挥政府作用"，讲述了社会主义市场经济体制的基本特征及我国政府的经济职能。

从整个经济学研究的角度来看，第一框内容涉及现代经济学最核心的问题——稀缺资源的优化配置，可以说，这是理解经济学以及当今世界各国经济社会发展与经济政策的一把钥匙。从教材内容来看，教材第一单元讲授我国的所有制结构与经济体制，是我国经济社会活动的制度背景，为学生理解中国经济奠定基础。本框探讨市场经济运行的一般原理，是学生理解第一单元的理论基础和逻辑起点。

本节课将"市场配置资源"放在更加宏大的背景下讨论，以"如何更好地配置资源"为议题，学生通过活动，将多种资源配置方式进行对比分析，突显市场在资源配置中的决定性作用，同时引出下一节课的议题——为什么"两只手"优于"一只手"。

基本逻辑：合理配置资源的必要性（引发）——配置资源的不同方式（展开）——市场配置资源的具体机制、优点和局限性（深化）——我国社会主义市场经济探索的历程（回归）。

（二）学习者分析

本课时侧重培育学生对我国社会主义市场经济体制的理解和认同，进而坚定对中国特色社会主义的道路自信、理论自信、制度自信、文化自信。中学阶段学生的政治认同更多的是积极的情感体验，还需要加强深度的理论认同，进而转化为参与中国特色社会主义建设的自觉实践。

知识基础：学生经过初中阶段道德与法治以及历史学科的学习，对我国的国情有了初步了解，经过高中思想政治必修1《中国特色社会主义》的学习，对中国特色社会主义有了更深入的理解；高一学生对计划经济、市场经济、经济体制、供给、需求等经济概念并不陌生，但更多停留在感性认知层面（如通过纪录片、新闻感知），缺乏系统性、理论性的概念和原理学习，而对市场体系、市场失灵、公共物品等概念则了解较少。

思维能力：本课时知识复杂、理论性强，对学生的抽象表征、逻辑思维、辩证思维等品质要求较高，高一年级学生经过以往的学科学习和训练，具有一定的逻辑推演能力，但在辩证思考、抽象归纳，包括文字归纳与图像抽象方面有待加强。高中学生具有理论热情，但解释现实问题、理论联系实际的能力有待提升。

（三）学习目标

（1）通过对钢材分配问题的分析，理解并说明合理配置资源的必要性，树立合理利用资源、节约资源的观念。

（2）通过参与"特钢分配"的课堂模拟活动和讨论探究，了解配置资源各种方式的运行机制、优点和局限性，既全面、辩证地看待各种配置方式，又能深度理解市场调节的意义，体会其"发挥决定性作用"的地位，明确社会主义市场经济体制的特点，增强对社会主义市场经济体制、中国改革开放的认同。

（3）结合我国改革开放以来经济社会发展取得的成就和课堂活动的直观感受，初步感知社会主义市场经济体制的基本特征，体会社会主义市场经济体制的优越性，增强积极投身社会主义市场经济建设的意识。

（四）学习重难点

1. 学习重点

（1）分析市场配置资源的机制、优点。
（2）说明市场在资源配置中起决定性作用。

2. 学习难点

分析市场配置资源的机制、优点。

（五）学习评价设计（见表5-4）

表5-4 评价设计

评价项目	指　　标	满分	组员打分	教师打分
任务理解与分工	清晰、准确理解任务，组内分工得当，组员责任明确。	10		
资料阅读及信息整理	完整阅读资料，能提炼、标注出重要信息。	30		
观点贡献	贡献自己的观点，有一定的原创性，能对他人观点进行合理评价，促进团队观点形成。	30		
结论生成	有明确的小组共识和结论，并以清晰的方式呈现。	30		

（六）学习活动设计

教师活动	学生活动

环节一：导入与引发
　　1. 导入信息——情境铺垫，贴近生活
　　2. 呈现案例与角色信息——合理简化，激发兴趣

教师活动 1.1	学生活动 1.1
简述：资源配置的必要性、经济学研究的核心问题——资源是稀缺的，社会需要一定的方式来分配这些资源，达到最优的效果。	结合教材中漫画和生活经验，思考：什么是资源，为什么要配置资源？

教师活动 1.2	学生活动 1.2
呈现案例与情境：钢材中的"奢侈品"——特钢，因其独特而出众的性能而广泛应用于航天、核电、高铁、汽车等许多高端领域，十分紧俏。40万吨特钢该如何分给各个需求方？请每位同学选择一个角色。	小组内分配角色——特钢企业、政府、建筑公司、新能源汽车企业、高铁制造企业、钢铁侠。 　　理解案例和情境信息——供求数量、企业采购预算等。

　　活动意图：通过真实的案例和情境（有简化）、角色扮演等方式，激发学生兴趣，为后续的深度课堂活动作铺垫。明确地提出议题——如何更好地配置资源。

环节二：参与与对比
　　1. 对比分析——计划、抽签、排队三种方式的优点与局限性
　　2. 共同参与——体会市场调节的运作机制

教师活动 2.1	学生活动 2.1
每一组将获得一个"锦囊"，里面有一种配置方案，例如：根据政府要求，40万吨特钢分配给新能源汽车企业，价格为3000元/吨。	思考并在小组内交流讨论，你是否支持锦囊中的分配方案？为什么？ 　　每组一位代表向全班做总结发言。

教师活动 2.2	学生活动 2.2
模拟拍卖现场。每轮竞拍5万吨特钢，起拍价3000元/吨，每次最少加价100元。	以自己所代表的角色竞拍特钢，思考并回答问题：谁能获得特钢资源？为什么有的企业愿意举牌出高价？

　　活动意图：参与课堂活动，以直观的方式感知、对比每种配置方式的运作机制，理解每种方式的优点、局限性。重点感知市场配置资源的机制和优点，为下一环节的理论提升作铺垫。
　　通过对比分析的学习方式，用马克思主义基本立场、观点方法，观察事物、分析问题、解决矛盾，落实学科素养和德育要求。

教师活动	学生活动
环节三：挖掘与深化 　　1. 深化认识——市场配置资源的优点 　　2. 辩证思考——市场调节的局限性	
教师活动 3.1 　　展示真实的特钢价格走势，针对价格变动和生产者做出的决策提出系列问题。引导学生总结市场配置资源的优点。	**学生活动 3.1** 　　探究价格走势图，并结合上一环节的课堂体验以及之前所学内容，思考并回答问题：价格不断被推高，企业负责人可能会做些什么？背后的原因和影响是什么？ 　　总结市场配置资源的优点。
教师活动 3.2 　　展示"地条钢"和产能过剩的新闻与数据，引导学生辩证思考。引出下一节课议题："为什么'两只手'优于'一只手'"。	**学生活动 3.2** 　　思考并回答：教师展示的两种情况反映了市场调节的哪些弊端？如何解决这些问题，提一些建议。
活动意图：学生生成并深化认识：市场调节的机制、优点、局限性，市场在资源配置中起决定性作用。初步认识到市场调节的局限性，为下一节课的议题展开作铺垫。	
环节四：回顾与感悟	
教师活动 4 　　展现新中国钢铁行业的发展历程以及对未来的展望，并引导学生调用历史知识，对应行业发展背后的社会主义市场经济的确立与发展。	**学生活动 4** 　　回顾新中国成立以来，特别是改革开放以来中国钢铁行业的发展历程，体悟改革创新的时代精神，对新时代中国经济发展充满信心。
活动意图：总结案例情境，紧扣议题，在大的历史背景下引导学生感知祖国的发展、行业的发展、社会主义市场经济的发展，增强政治认同，树立自信。 　　通过史实与时政相结合的教学组织和学习方式，领会中国特色社会主义和中国梦的内涵与表现，坚定理想信念，厚植爱国情怀，落实学科德育任务。	

（七）板书设计（见表 5-5）

表 5-5　如何更好地配置资源

手　段	机　制	优　点	局 限 性
计划			
抽签			
排队			
市场			

（八）作业与拓展学习设计

检测类作业：运用市场配置资源的相关知识，选择一个行业进行分析（推荐行业：农产品、快递等）。旨在检测学生对知识的理解和迁移运用能力，做到理论联系实际。

拓展类作业：对比北京和上海机动车牌照发放的方法，进行评析。旨在引导学生关注实际生活，用理论分析经济现象，理解现实的复杂性。

（九）特色学习资源分析、技术手段应用说明

本节课运用了真实的市场案例和市场信息，并进行了相应的简化，具有很强的现实性，情境较为复杂，有助于学生思维能力的提升。

（十）教学反思与改进

本节课围绕议题——"如何更好地配置资源"，创设情境，设计活动，强化辨析，从而实现价值引领，增强了学生对社会主义市场经济体制、我国改革开放的认同。

围绕议题，创设活动型课程，体现了新理念，应对了学生学习和发展的新情况，符合学情，落实了课标要求和教学目标。创设的模拟"特钢分配"的活动情境可操作、可把握。凭借这个活动情境，呈现并引出学科概念，引导学生经历自主学习、合作探究的学习过程，使学科知识内化为学生的素质，从而真学真懂真信真用。

教研员点评

1. 围绕议题，活动教学

资源配置问题是经济学研究的基本问题。本节课把"如何更好地配置资源"这一议题放在更加宏大的背景下，设计学生活动，拓展学生视野，对比分析计划、抽签、排队、市场等多种资源配置方式，使活动设计成为承载教学内容的重要形式，突显市场在资源配置中的决定性作用。

2. 创设情境，综合教学

情境是知识转化为素养的重要途径。本节课创设模拟"特钢分配"的活动情境，呈现并引出学科概念，引导学生经历自主学习、合作探究的学习过程，使学科知识内化为学生的素质，从而真学真懂真信真用。

本节课综合了不同课程模块的内容，既着眼于教材必修2《经济与社会》的教学内容，又综合必修1《中国特色社会主义》中"伟大的改革开放"的相关内容，体现了"用教材"而不是"教教材"的理念，整合学科知识，提供综合视点，提升学科核心素养。

3. 强化辨析，价值引领

实现价值引领，学习路径的选择至关重要。本节课通过探究"特钢分配"问题，给学生提供思考、表达和解释的机会，学生在活动体验中生成、感悟学科观点，实现"理例结合"。面对不同的"特钢分配"方案，学生亲历自主辨识、分析的过程，在比较鉴别中提高了认识、深化了理解。

本节课通过分析我国钢铁产业发展的过去、现在和未来，引导学生关注新时代钢铁产业的发展，以及如何促进钢铁行业高质量发展，从而认同社会主义市场经济体制，坚信"两只手"优于"一只手"。

总之，本节课既有理论的深度和厚度、又有对现实的关注和思考，立足于发展学生核心素养，以学生的真实生活为基础，遵循学生身心发展特点和成长规律，体现思政课一体化教学，激发了学生积极投身中国特色社会主义伟大实践的意识和担当。

评课人：任兴来　北京市海淀区教师进修学校

第六章 中学语文学科

第一节 学科德育范畴

根据《中小学德育工作指南》确定的理想信念教育、社会主义核心价值观教育、中华优秀传统文化教育、生态文明教育、心理健康教育五个方面的德育内容，形成各学科共同的德育范畴。根据中学语文学科内容，以"X"形式体现学科特色的德育内容范畴，"X"主要包括审美教育、文化视野教育。综上，"5+X"共同形成中学语文学科的德育范畴，详见表6-1。

表6-1　中学语文学科德育范畴

	德育范畴	内容阐释	示例
5	理想信念教育	引导学生在经典革命文献阅读、中国革命传统作品研习和当代文化参与等学习过程中，深入体会革命志士以及广大群众为民族解放事业英勇奋斗、百折不挠的革命精神和革命人格，树立共产主义远大理想和中国特色社会主义共同理想，增强中国特色社会主义道路自信、理论自信、制度自信和文化自信，肩负起民族复兴的时代重任。 坚持学而信、学而思、学而行的教育路径，以经典作品、革命圣地、革命旧址、革命文物为载体，开展经典阅读和跨学科学习，在真实的学习情境、学习任务、学习过程和言语实践中，把语文学习成果转化为坚定的理想信念，转化为正确的世界观、人生观、价值观，将个人理想与民族、国家需求结合起来，与远大理想和共同理想结合起来，用理想之光照亮奋斗之路，用信仰之力开创美好未来。	人教版高一必修1《沁园春·长沙》：在"诗歌中的少年情怀"学习情境驱动下，学生通过查找背景资料、诵读感悟、理解分析、品读赏析、画文章结构图等学习活动，感受这首词上片描绘的多姿多彩、生机勃勃的湘江寒秋图卷，理解下片借回忆往昔峥嵘岁月表现的诗人和战友们为改造旧中国英勇无畏的革命精神和壮志豪情。通过分析诗歌意境理解诗歌创作背景和诗人情怀，认识并感悟作品主题——主宰国家命运的，是以天下为己任、蔑视反动统治者、敢于改造旧世界的青年革命者。教师引导学生发现诗人的人生选择与波澜壮阔的时代大背景、大趋势之间的关系，进而结合学生当前的生活背景，与学生的所思所想关联起来，使这种体验可以更好地与学生发生联结，培养学生将自己的人生选择与国家民族命运结合起来，与时代发展、社会需求结合起来的正确的世界观、人生观、价值观，树立肩负起民族复兴时代重任的信念。

第六章　中学语文学科

续表

德育范畴	内容阐释	示　　例
5 社会主义核心价值观教育	在语言文字的积累、梳理与探究、中华传统文化经典研习、中华传统文化专题研讨、中国当代作家作品阅读、当代文化参与等学习活动中，培养学生的爱国主义情感和良好的社会主义道德品质，引导学生理解富强、民主、文明、和谐等国家层面的价值目标。在文学阅读与写作、思辨性阅读与表达、跨媒介阅读与表达等学习活动中，体验现实生活，感悟世道人心，深刻理解自由、平等、公正、法治作为社会层面的价值取向，自觉遵守爱国、敬业、诚信、友善作为公民层面的价值准则。逐步加深对个人与国家、个人与社会关系的思考并形成正确认识，从而完善自我人格，提升人生境界，使中华民族的创造力和凝聚力不断得到增强。	人教版八年级上册第一单元：在"播报身边的新闻"等任务情境下，引导学生阅读新闻报道，学习新闻文体的基本知识，并在新闻阅读中，了解国情，学习英雄模范人物的事迹和精神；在新闻采访活动中，从身边选题入手，掌握第一手材料，从侧面了解国家和社会的发展变化，承担社会责任，从国家、社会、公民等层面形成对社会主义核心价值观更深刻的理解；在新闻撰写的过程中，激浊扬清，传递信念，学习做社会主义核心价值观的践行者。
中华优秀传统文化教育	引导学生通过学习积累汉字、书法、成语、格言警句、文化常识、节日传统、风俗习惯，阅读神话传说、寓言故事、历史故事、民间故事、中华民族团结一家亲故事、古代诗文小说作品，研读传统文化经典著作，讨论中华传统文化专题，体会中华文化的博大精深、源远流长，体会中华文化的核心思想理念和人文精神，深切感悟精神内涵，增强文化自信，理解、认同、热爱中华文化，继承、弘扬中华优秀传统文化，防止文化上的历史虚无主义。同时在当代文化参与和思辨性阅读与表达中，加强理性思考，结合时代发展体会中华文化创造性转化和创新性发展的趋势。	人教版高一必修1《论语》：创设情境，引导学生在补写"宰予问孝"的故事这一任务情境中，综合《论语》中关于"孝"的所有条目，对《论语》中"孝""礼""仁"等核心概念进行梳理探究，并联系现实形成自己对于《论语》中"孝""礼""仁"等概念及其关系的理解，对"宰予问孝"的原因和结果进行补充。探究故事中宰予与孔子关于"孝"这一问题的争论焦点，结合当时的社会背景与当今的时代需求，以思辨性阅读的方式，去粗取精，去伪存真，古为今用，形成对文化经典的再认识，理解文化经典的时代价值，并结合当今世界发展变化、当代文化特征，特别是社会主义核心价值观的要求，对文化传统进行必要且合理的当代阐释。
生态文明教育	引导学生理解汉字起源、构形等知识，了解在汉字创造、使用和演变的过程中，先人对自然万物的考察体验，以及其中所承载的天人合一、天人和谐的文化观念；在阅读有关自然、生态的文学作品、科普作品和学术著作的过程中，认识自然，关爱自然，形成与自然和谐发展的意识；引导学生在当代文化参与、跨媒介阅读与交流等学习活动过程中，宣传和推广符合生态文明的生产生活方式。	人教版高一必修3《动物游戏之谜》：在"人与自然"主题阅读情境下，通过理清课文层次结构，体会科普说明文描写和说明相结合的写作方法。通过课堂讨论，观看《人与自然》纪录片片段，了解现在动物学家注意到动物具有游戏的天性，理解并思考"动物具有一定的智力潜能、创造性和多样的交流方式，也是具有智慧的生命体"这一结论的进步意义。思考这一进步在生命伦理和生态环境等多领域具有的重要意义。重新审视人与动物的关系，重新思考人与自然的关系，进而重新认识自己，形成健康的生活情趣和正确的自然观。

45

续表

德育范畴	内容阐释	示例
5 心理健康教育	通过文学作品、人物传记、经典文献的阅读，和人物访谈、新闻写作、整本书阅读、跨媒介阅读、当代文化参与等学习任务，培养学生健全的人格，加深对以人为本、善待生命、关注人类命运等人文精神的理解；在各个学习任务群的阅读实践、言语实践和创作实践中，培养学生承受挫折、适应生存环境的坚强意志，学会合作，学会互助，树立积极向上的人生理想。引导学生在文学阅读和文学审美中形成健康向上的生活志趣，引导学生热爱生活、热爱生命，以积极健康的心态面对自我、面对他人、面对社会。	人教版八年级上册《记承天寺夜游》：在"苏轼诗文"专题阅读情境下，引导学生在准确理解文言词句的基础上理解文章思想内涵，结合苏轼被贬谪的背景，理解"闲人"二字所体现的人生态度。引导学生学会面对挫折，培养坚韧的意志品质和乐观豁达的人生态度。引导学生理解苏轼对自然光景的欣赏，培养健康的人生情趣，并能够为自己的压力、情绪等寻找恰当的排遣方式。引导学生理解苏轼与张怀民的知己之情，并将体会到的积极心理品质应用到日常的学习、生活、交往中。
X 审美教育	在文字欣赏、文学阅读、文化研读、文学创作和跨媒介阅读与交流中，引导学生通过感受、理解、欣赏、评价语言文字及作品，获得审美经验，培养学生积极的审美意识、健康的审美情趣和良好的鉴赏品位，提高学生感受美、发现美、表现美、创造美的能力。涵养高雅情趣，具备健康的审美意识和正确的审美观念。	人教版高二必修5《边城》：在"图说边城"的任务情境中，通过梳理人物、情节，制作人物关系图、情节发展图，比较品读重要情节，开展以"《边城》三美"为主题的读书报告会，认识理解作者笔下的古老边城具有桃花源般神奇的美。人们不分等级、不谈功利，人与人之间以诚相待，相互友爱。探究边城美形成的原因——用作者自己的话说，他的理想是要表现"优美，健康而又不悖乎人性的人生形式"，"为人类'爱'字作一度恰如其分的说明"。深入理解《边城》给人桃花源般幻想的色彩和田园牧歌式的理想图景这一文学创作常见母题，在对边城"三美"的认识思考中，培养正确的审美意识、健康向上的审美情趣，掌握发现美、创造美的方法。
X 文化视野教育	在继承和弘扬中华传统文化和社会主义先进文化的同时，以外国文学名著和中外优秀儿童文学作品为载体，通过外国作家作品研习、跨文化专题研讨等任务群，阅读不同民族、不同国家的经典文学作品，了解人类文化成果，拓展文化视野，懂得尊重和包容，能够理解与借鉴不同民族、不同区域、不同国家的文化。在文化交融的过程中，加深对社会主义先进文化的理解，关注并积极参与当代社会主义先进文化的传播与交流，增强文化自觉，提升中国特色社会主义文化自信，提高社会责任感，防止文化上的民族虚无主义。同时借鉴和吸纳其他民族优秀文化成果，丰富当代中国特色社会主义文化。	人教版七年级下册《伟大的悲剧》：在"人类的探索"专题阅读情境下，通过细读文本，分析人物在特定环境下的特定选择，及其背后的精神品质，理解作品所传递的人"同不可战胜的厄运搏斗"这一世界文学常见母题，进而理解人物的崇高美，理解人的精神的高贵与伟大。将《伟大的悲剧》与杨利伟《太空一日》做联读，将作品中的人物与中国神话传说、史传作品、新闻通讯中的人物及其言行品质做比较阅读，理解中国文化与西方文化相通的英雄主义共性，发现中国文化中的"群体英雄主义"民族特色，理解世界文化的相通性与中国文化的民族性。在拓展国际文化视野的同时，增强民族文化自信。

备注："5"为《中小学德育工作指南》中五个方面的德育内容，是各学科共同的德育范畴；"X"为体现学科本质的学科特色德育内容范畴。

第二节 学科德育实施建议

一、立足学科德育范畴，挖掘语文学科内容固有的德育价值

（一）理想信念教育

这部分学习内容以语言典范、论辩深刻、时代精神突出的革命传统作品为主，德育目标为深入体会革命志士以及广大群众为民族解放事业英勇奋斗、百折不挠的革命精神和革命人格；学习在中国特色社会主义建设过程中涌现的英雄事迹，感受其无私无畏的爱国精神；发展语言运用能力、思维能力和审美鉴赏能力；陶冶性情，坚定志向，形成正确的世界观、人生观和价值观。

（1）诵读革命先辈的名篇诗作，体会崇高的革命情怀。精读反映革命传统的优秀文学作品，特别注意选择反映党领导人民进行革命、建设、改革伟大历程的作品，感受作品中革命志士和英雄人物的艺术形象，弄清作品的时代背景，把握作品的内涵。理解作者的创作意图，获得审美体验。结合自己的生活经验和阅读写作经历，发挥想象，加深对作品的理解，力求有自己的独到认识。

（2）阅读阐发革命精神的优秀论文与杂文，特别注意选择具有理论高度和引领作用的论著，分析其中论证的逻辑性和深刻性，体会革命理论著作严密逻辑和崇高精神有机结合的特点，提高理性思维水平。

（3）阅读关于革命传统的新闻、通讯、报告、演评、访谈、述评等实用性文体的优秀作品，联系思想实际和亲身见闻，以正确的价值观，深入理解其内容，学习其写作方法。

（4）创设恰当的情境或任务，引导学生在校园演讲、校园刊物、校园媒体等平台，表达自己对理想信念的理解；积极开展跨学科学习与实践，在参观考察、公共参与等活动中树立理想信念。

（二）社会主义核心价值观教育

这部分学习内容以突显社会主义核心价值观的作品为主，德育目标应为深入体会现阶段我们国家倡导的富强、民主、文明、和谐，自由、平等、公正、法治，爱国、敬业、诚信、友善，积极培育和践行社会主义核心价值观。富强、民主、文明、和谐是国家层面的价值要求，自由、平等、公正、法治是社会层面的价值要求，爱国、敬业、诚信、友善是公民层面的价值要求。社会主义核心价值观回答了我们要建设什么样的国家、建设什么样的社

会、培育什么样的公民的重大问题。这部分学科德育的课程载体一般主题思想突出，时代特点鲜明。在具体教学中可以创设情境、营造氛围，紧密联系时代，引导学生在当代作品阅读、当代文化参与的过程中实现对社会主义核心价值观的理解与认同。

（1）诵读、精读体现社会主义核心价值观的作品，特别注意选择反映党领导人民进行革命、建设、改革伟大历程的作品，弄清作品的时代背景，把握作品的内涵。理解作者的创作意图，获得审美体验。结合自己的生活经验和阅读写作经历，发挥想象，加深对作品的理解，力求获得与时代同步的解读与认识。

（2）注意选择具有理论高度和引领作用的论著，分析其中论证的逻辑性和深刻性，提高理性思维水平。

（3）结合"纪念日""当代节日"等开展综合性学习、专题学习、项目学习，引导学生积极参与当代文化活动与当代文化建设，在语文活动中理解历史，了解国情，树立正确的价值观。

（4）从社会主义核心价值观养成的角度，对学生写作、演讲等语文学习活动进行评价或反馈。

（三）中华优秀传统文化教育

这部分学习内容以体现中华优秀传统文化的作品为主，旨在加深对传统文化的认识和理解，增强传承、弘扬中华优秀传统文化的自信心、责任感。

（1）选读体现传统文化思想精华的代表作品，参阅相关的研究论著，可确定专题，进行研讨。加强理性思考，增进对中华文化核心思想理念和中华人文精神的认识和理解，体会中华文化创造性转化和创新性发展的趋势。

（2）围绕中心论题进行有准备的研讨，围绕专题选择合适的方式展示探究的成果。

（3）阅读优秀古典文学作品和文化著作，理解文化精华；阅读现当代作品与著作，分析现当代作品中的民族文化特色，理解中华传统文化的内涵与当代传承。

（四）生态文明教育

这部分学习内容以体现生态文明教育的自然科学和社会科学论文、著作为主，旨在提高学生的生态意识，塑造学生的生态文明行为，引导学生体会和把握科学与文化论著表达的特点，提高阅读、理解科学与文化论著的能力，开阔视野，培养求真求实的科学态度和勇于探索的创新精神，培养与提升学生实现可持续发展和创建生态文明社会所需要的品格和素质。

（1）选择阅读简明易懂的自然科学和社会科学类论文、著作（节选），领会不同领域科学与文化论著的内容，培养科学态度和创新精神。

（2）撰写内容提要和读书笔记，在学习体验概括、归纳、推理、实证等科学思维方法的同时，把握科学与文化论著观点明确、逻辑严密、语言准确精练等特点。

（五）心理健康教育

这部分学习内容以体现心理健康教育的优秀诗文作品为主。作品常常借助人、事、物来传达作者的思想感情，语言具有一定的感染力。可以指导学生有声有色地复述文章内容，同时进行情景表演，以体验式、启发式的教学方法，促使学生去感受人、事、物中所表现出来的思想意义，实现学生的自我教育，形成阳光、健康、积极的心理品质。

（1）多读多想多写，多角度地观察生活，多方面地增进语文积累，丰富自己的精神世界、生活经历和情感体验，完善自我人格，提升人生境界。

（2）自主写作，自由表达，以负责的态度陈述自己的看法，表达真情实感，培育科学理性精神。

（3）增强人际交往能力，在口语交际中树立自信，尊重他人，文明得体，仪态大方，善于倾听，礼貌表达。

（六）审美教育

审美鉴赏与创造是语文学科核心素养的重要组成部分。学生在语文学习中，通过审美体验、评价等活动形成正确的审美意识、健康向上的审美情趣与良好的鉴赏品位，并在此过程中逐步掌握表现美、创造美的方法。

（1）读美文、赏美篇、析美德，受到美的熏陶与教育。教师在教学过程中，通过美的情感、美的言辞、美的理性、美的气度、美的结构，揭示新思想，点燃学生的学习热情，使之受到美的熏陶、美的启迪，培养学生对科学与真理的美好追求。

（2）以强烈的社会责任感和时代紧迫感，教育和引导青少年形成健康的审美观，积极引导学生去感受、理解、鉴赏、表达美的作品、美的社会、美的自然、美的人生，发展学生的逻辑思维能力、形象思维能力、艺术鉴赏能力和想象能力。

（3）美的表达与创造是语文课程德育的重要组成部分。学生在积极的读写实践中，能自觉运用祖国语言文字表达自己的审美体验，表达自己的情感、态度和观念，表现和创造自己心中的美好形象；追求语言文字表达的效果及美感，培养创新意识。

（4）在实践性作业、语文学习实践活动、学生社团活动中，为学生搭建多种平台，展现学生感受美、欣赏美、创造美的能力。

（七）文化视野教育

这部分学习内容以体现社会主义先进文化教育内容、时代精神风貌突出的现实性、纪实性作品为主，同时吸纳与社会主义核心价值观相符合的优秀外国作品。德育目标应以培养有理想、有道德、有文化、有纪律的四有公民为理想追求，以面向现代化、面向世界、面向未来的，民族的、科学的、大众的、健康积极向上的具有特色社会主义的文化为主要内容。旨在拓展学生文化视野，增进世界文化理解，在世界文化背景下加深民族文化认同，陶冶性情，坚定人生志向，形成正确的世界观、人生观和价值观。

这部分学科德育的课程载体一般主题思想鲜明突出，语言表达充满激情。在具体教学中可以创设情境、营造氛围，引领学生在广阔的现实背景下加深对社会主义先进文化的认识。

（1）以参与性、体验性、探究性的语文学习活动为主，增强课程内容与学生成长的联系，通过开放式学习，引导学生积极参与当代文化生活，感受、体会、深入思考社会主义先进文化的内涵；注意调查访问与书面学习相结合，现状调查与比较研究相结合，分析研究与传播建设相结合。

（2）引导学生自主创建各类社团，开展各类语文学习活动，如读书交流、习作分享、论辩演说、诗歌朗诵、戏剧表演等。利用家庭资源以及学校图书馆、校史馆、档案馆等，研究社会生活中的文化现象；利用图书馆、博物馆、纪念馆、文化馆、美术馆、音乐厅、影剧院、名人故居、革命遗址、名胜古迹，以及其他文化遗产等，通过实地考察，深化对某一文化现象的认识。

（3）聚焦特定文化现象，自主梳理材料，确定调查问题，编制调查提纲，访问调查对象，记录调查内容，完成调查报告，就如何传播社会主义核心价值观、弘扬中华文化精神、反映中国人审美追求等专题展开交流研讨。

（4）关注当代文化生活，开展社区文化调查，搜集整理材料，对社区的文化生活方式、风俗习惯、思想观念、生活演变等进行分析讨论，增强弘扬社会主义先进文化的自觉性。通过各种传媒，关注当代文化生活热点，聚焦并提炼问题，展开专题研讨，解释文化现象，积极参与社会主义先进文化建设，提高对各种文化现象的认识能力和阐释自己见解的能力。

（5）引导学生在阅读外国优秀作品、了解其他民族优秀文化的过程中，运用比较阅读、专题阅读等策略，理解本民族文化在世界文化中的作用，并吸纳其他民族优秀文化，实现"洋为中用"。

二、积极创设情境，在真实的语言运用情境中推进语文课程的育人功能

语文学科核心素养是学生在积极的语言实践活动中积累与构建起来，并在真实的语言运用情境中表现出来的语言能力及品质；是学生在语文学习中获得的语言知识与语言能

力、思维方法与思维品质、情感、态度与价值观的综合体现。充分发挥语文学科的育人功能，就应注意在学生的学习活动中，创设学科德育的情境。学科德育的情境可以是真实的生活情境，也可以是基于学生成长发展的个人体验情境，还可以是体现语文学科本质的学科情境。教学中教师应从祖国语言文字的特点和中学生学习语文的规律出发，以语文学科核心素养为纲，以学生的语文实践为主线，在真实的情境中设计学习活动，整合社会生活情境、个人体验情境、学科认知情境，以"学习任务群"引导学生在运用语言的过程中提升语文素养。

学习情境的设置，要着眼于培养语言文字运用能力，充分考虑问题导向、跨文化、自主合作、个性化、创造性等学科德育要素，并关注语言文字运用的新现象和跨媒介运用的新特点。比如"文学阅读与写作"任务群就可以运用专题阅读、比较阅读等方式，设置阅读情境，调动学生个人阅读体验，激发学生学习兴趣，引导学生阅读、鉴赏、探究与写作。"实用性阅读与交流"任务群则更适宜以社会生活情境引导学生开展探究性学习活动，合理安排阅读、调查、讨论、写作、口语交际、社会参与等活动。

三、设计挑战性任务，形成"学习任务群"，在语文学习方式转变过程中，促进学科德育落实

要设计挑战性任务，促进学生学习方式的转变，让学科德育的学习真实地发生。教师在设计挑战性任务时，要注意整合教学资源、对标课程标准，要有指向素养发展的驱动问题、与素养目标匹配的学习活动等。挑战性任务应能涵盖核心知识，体现知识结构框架，与学科本质相匹配；应有稳定的认识领域和研究对象，在活动中学生的认识角度和思路能够得到主动开发；要真实存在并能够执行，与其他内容专题具有实质性联系，具有复杂性和综合性，形成可独立可组合的学习任务群，作为学生学习内容贯穿始终。学生在完成指向明确、有兴趣、有驱动、可实施的学习任务的过程中，核心知识、关键能力、优秀品格、正确的价值观得到彰显。所以在教学实践中，教师要注重整合和开发课程资源，设计具有挑战性的学习任务，形成任务群，体现语文核心素养的基本要求，为未知而教，努力引导学生因需求而学，为未来而学。

设计具有挑战性的学习任务是为了促使学生在面对挑战的过程中，转变学习方式，培养自主学习的能力和合作、探究的意识，砥砺思维品质，并在解决难题的过程中，树立信心，培养自信，这也是学科德育的重要组成部分。比如中学生的"语言文字积累与梳理"任务群应能体现"实践性、经验性、结构化、问题导向"的基本特征，"文学阅读与创意表达"任务群应能体现出"自主独立、大量、选择、批判性、创造性"的基本特征，"实用性阅读与交流"任务群应能体现出"文明得体、自由顺畅、个性化、有创意、跨媒介"的基本

特征,"跨学科学习"任务群应能体现出"跨学科、自主合作、个性化、创造性"的基本特征。比如在讲授散文《都江堰》时,老师请学生依据对课文的理解,创设某个特定情境,为李冰塑像。要求学生描述雕像的体态、外貌、神情等特征,并说明设计的意图。学生在完成任务中,理解了李冰精神的内涵,理解了都江堰和李冰精神内涵的关联。李冰是实干为民、造福百姓的官员,李冰精神的内核是敬业、爱民。

四、坚持持续性评价与过程性反馈,积极探索实践语文学科德育评价的有效方法

坚持持续性评价,对标课程标准、学业质量标准。明确学生完成本学科学习的过程中和完成本学科的学习任务后,语文学科核心素养应该达到的水平、各水平的关键表现构成,以及评价学科德育学习质量的标准。积极探索实践语文学科德育评价的有效方法,在持续性评价中,引导语文教学更加关注育人目的,更加注重培养学生核心素养,更加强调提高学生综合运用知识解决实际问题的能力,要注意评价材料的意识形态导向、科学性、规范性,注重评价方式的多元化,从思维品质、情感态度、价值导向、行为选择等方面,评价学生的学业表现、学习过程、学习方式等,帮助教师和学生把握教与学的深度和广度,为阶段性评价、学业水平考试和升学考试评价提供学科德育评价的重要依据,促进教、学、考有机衔接,在教—学—评的一致性中,形成育人合力。教师要依据学科德育的范畴细化学科德育形成性评价的目标,增强对教学和评价的指导性。促进多元评价,关注学生的获得感和价值观的渗透。

比如在讲授《葡萄月令》时,教师先通过揣摩"月令"形式,引导学生体会行文布局看似随意实则谨严的妙处。学生赏析作者的语言风格时,更多是从修辞的角度进行赏析,分析中套话较多,深入理解较少,深入学习并没有真正地发生,课堂只是停留在空泛的热闹当中。教师及时指出问题,并给出框架,引导学生从文体、词性、句法、语态以及作家经历等不同角度,剥茧抽丝品读体味出文章个性化的语言特点;从作者创作的个性特点角度,把握其精确的语言表达所蕴含的情味。教师随学生学习的过程展开评价,在品读、对比和知人论世的层层深入中,学生较为深入地感受了作家的情怀:全文都在写葡萄的生长过程,每一次写葡萄又会把重点聚焦到劳动的过程上,叙述指向劳动者身份。作者笔下的劳动不是又脏又累的,而是有着激情、美感的,充满真正创造生命和希望的感情,体现作者对劳动的喜悦和赞美。作者把眼光放在了平凡的劳动生活中,又将其中的美和乐趣展示在读者面前,以此来感染我们每一个人热爱平凡生活。同时,作者在困顿中保持平和、积极,也能启发我们能在浮躁中保持淡泊、恬静。

第三节　学科德育典型课例

基本信息

教师姓名	孙青	学　校	中国人民大学附属中学
教学年级	七年级	教科书版本及章节	（部编）人教版《语文》七上第二单元第一课

一、单元教学设计

单元学习主题	读懂亲情

（一）单元教学设计说明

《义务教育语文课程标准（2011年版）》（以下简称《课标》）在语文教学的"总体目标"部分要求："在语文学习过程中，培养爱国主义、集体主义、社会主义思想道德和健康的审美情趣，发展个性，培养创新精神和合作精神，逐步形成积极的人生态度和正确的世界观、价值观。"同时指出："欣赏文学作品，有自己的情感体验，初步领悟作品的内涵，从中获得对自然、社会、人生的有益启示。对作品中感人的情境和形象，能说出自己的体验；品味作品中富于表现力的语言。"而部编人教版七上第二单元所选诗文均为与亲情有关的文学作品，是对学生进行人生观、价值观教育的好材料。引导学生在阅读作品的过程中，分析作品中的形象，品味作品的语言，领悟作品的内涵。同时，结合自己的情感体验、感悟亲情，并在对亲情的体悟中思考人生，形成积极的人生态度，符合《课标》的要求。

引导学生在阅读理解课文的同时，将阅读体验与生活经验建立联系，在读懂诗文中的亲情、体验作品中感人的形象的同时，反观自己的现实生活，观察和理解自己的父母亲人，从亲人身上读懂爱和责任，汲取生活和成长的力量，是本单元设计的总体思路。

本单元主题为"读懂亲情"，"读懂"在这里有两重含义：一是读懂文本，即通过品读文本、理解形象、拓展联读等方式，读懂文章中的亲情，对文章中的亲情有较为具体、深刻的体悟，而不止停留在表面的感动上；二是读懂亲人，读懂生活，即通过观察日记、采访笔记、文章写作等学习任务，引导学生关注身边的亲人，了解亲人的故事，从而形成对

53

亲情、对生活、对成长的新感悟。

（二）单元学习目标与重难点

1. 学习目标

（1）通过细读文本、品味富有表现力的语言、分析人物的性格情感、朗读感人至深的片段，能说出自己对于作品中蕴含的亲情的理解和感悟，能描述亲情与成长、责任等的关系。

（2）在学习作品后，能反观生活，反观自身，通过观察日记、采访笔记和文章写作等，表达自己对亲情的理解和感悟，作品中能呈现对亲人的理解和对生活、对成长、对生命的思考，养成积极健康的心理品质。

2. 学习重点

细读文本、品味富有表现力的语言、分析人物的性格情感、朗读感人至深的片段，具体说出自己对于作品中蕴含的亲情的理解和感悟。

3. 学习难点

写观察日记、采访笔记和文章等，表达自己对亲情的理解和感悟，作品中呈现对亲人的理解，对生活、对成长、对生命的思考，养成积极健康的心理品质。

（三）单元整体教学思路（见图 6-1）

```
《散文诗二首》（1课时 自读）
感受母爱          感恩母爱
         ↓
《秋天的怀念》（2课时）
读懂母亲          感悟成长
         ↓
《散步》（2课时）
读懂父亲          感知责任
         ↓
《世说新语》二则（1课时）
看见儿童          读出家风
         ↓
单元写作任务："读懂____"
```

读懂亲情实践任务：观察日记、采访笔记、文章写作

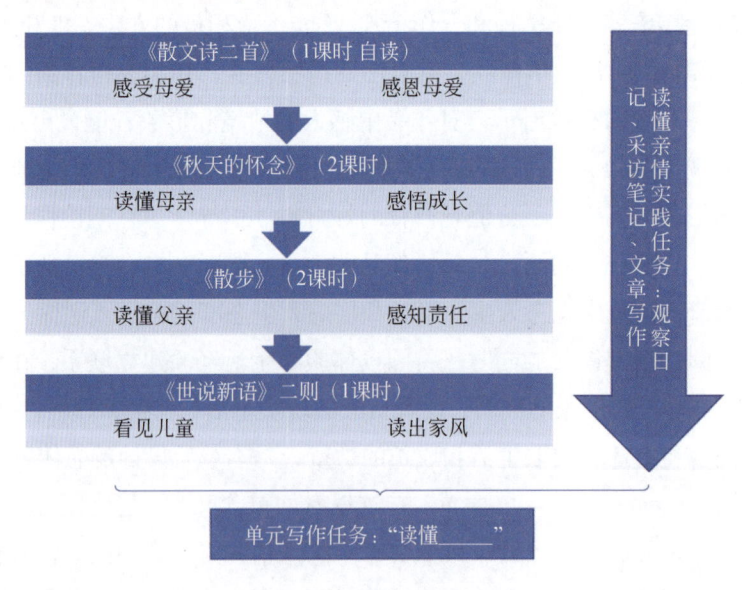

图 6-1　单元教学结构

二、课时教学设计

课题	着眼细微处　深彻悟母爱 ——《秋天的怀念》"母爱"深度解读
课型	新授课 ☑　　　　　章/单元复习课 ☐　　　　　专题复习课 ☐ 习题/试卷讲评课 ☐　　学科实践活动课 ☐　　其他 ☐

（一）教学内容分析

《秋天的怀念》是部编人教版七年级上册第二单元第一篇教读课文。如前所述，该单元的目标是加深对亲情的感受和理解，丰富学生的情感体验。同时，继续重视朗读，通过语气、节奏的变化，传递作者的情感。

《秋天的怀念》这篇散文情感含蓄深沉。母亲对儿子的爱，不仅表现为细心照顾，还有理解包容，母亲用自己的坚忍和乐观深深地影响着儿子，给儿子"好好儿活"的力量。

因此，学习这篇课文，不仅要带领学生通过朗读细细品味字里行间的母子深情，引导学生感受到母爱的伟大，还要引导学生理解母亲面对生活苦难的坚忍，并发现母亲的生活态度对史铁生人生态度的影响。引导学生在感悟母爱的同时，潜移默化地受到生命教育。

（二）学习者分析

知识能力层面：初一学生有初步的散文阅读经验，知道应该从事件和描写中分析人物心理、人物性格，但分析角度往往比较单一，对文本的理解容易泛化。需要教师在教学中设计问题与活动，引导学生深入思考，以理解作者在文中表达的情感与思考。

心理成长层面：初一年级的学生对亲情的理解往往停留在家人对自己的关爱这个层面上；学生又即将或已经进入青春期，独立自主的需求常常表现为行为的叛逆；同时，学生处于人生观、价值观形成阶段，开始更多地关注人生的价值、生命的意义等成长话题。引导这个年龄段的学生理解《秋天的怀念》中母爱深广的意蕴，不仅有助于学生更加深刻、全面地理解母爱，更好地处理亲子关系，也会影响学生对成长、对生活的态度。

（三）学习目标

（1）通过品味关键词语，体会母亲的苦难与伟大，从多角度阐释本文中母爱的内涵。

（2）抓住"好好儿活"等关键词语和秋风中的菊花等重要形象，分析相关语段，理解作者生活态度的前后变化，能说出母亲对其乐观面对生活的人生态度的影响。

（3）在细读文本、合作探究、师生对话的过程中，理解作品启迪人生的意义，将文学阅读与自身成长结合起来，体谅长辈，形成积极乐观面对生活、面对成长的人生态度。

（四）学习重难点

学习重点：抓住关键词语和重要形象，分析相关语段，理解作者生活态度的前后变化，及母亲对其人生的影响。

学习难点：将经典作品阅读与自身成长结合起来，形成积极乐观面对生活、面对成长的人生态度。

（五）学习评价设计

1. 课堂过程性评价（见表6-2）

在课堂上，通过观察、交流，判断教学目标是否达成；通过鼓励、引导，促进教学目标的达成。

表6-2　课堂过程性评价

学习表现	评价等级
能够在独立思考的基础上积极参与课堂讨论，能解释母爱的多重内涵，在理解母亲的爱与包容的同时，能够分析出母亲的苦难与伟大，并能发现母亲对史铁生人生态度的影响；观点来自于文本分析，能从文本中找到不同类型的依据证明自己的观点。	甲
能够在独立思考的基础上积极参与课堂讨论，能解释母爱的多重内涵，在理解母亲的爱与包容的同时，能够分析出母亲的苦难与伟大；观点来自文本分析，能从文本中找到多个依据证明自己的观点。	乙
能够积极参与课堂讨论，从多个角度解释母爱的内涵，在理解母亲的爱与包容的同时，能感受到母亲的艰难；观点来自于文本分析，能从文本中找到依据来证明自己的观点。	丙
对母爱的理解角度单一或理解较表面化，对文本分析不足。	丁

2. 课堂结果性评价（见表6-3）

让学生完成一周的观察日记。观察自己的一位亲人，并采访其他家庭成员，了解关于这位亲人的故事，思考沉淀后，把自己的发现和感受写在随笔本上。

表6-3　课堂结果性评价

作业表现	评价等级
能在叙事描写中用恰当的选材、感人的细节表现亲人的性格、形象，写出自己对亲人的感情和理解，文章能使读者感受到亲人对作者的影响。	甲
能在叙事描写中用恰当的选材、感人的细节表现亲人的性格、形象，写出自己对亲人的感情和理解。	乙
能在叙事描写中用恰当的选材和细节描写表现亲人的性格、形象，写出自己对亲人的感情。	丙
选材不当或平庸，缺少细节描写，感情泛泛或不真挚。	丁

（六）学习活动设计

教师活动	学生活动
环节一：问题导入，激发思考	
教师活动1 　　1.启发思考：史铁生为何四年后才写怀念母亲的文章？ 　　2.读出《我与地坛》中的语句——"只是到了这时候，纷纭的往事才在我眼前幻现得清晰"，让学生了解作者创作本文的情感背景，并探究史铁生看清了什么。	**学生活动1** 　　思考问题，并结合拓展资料理解史铁生在这四年中一直在思考、沉淀，直到深刻地理解了母爱，才动笔写下这篇散文。
活动意图：呈现学科学习中的问题情境，引发学生认知冲突，让他们通过了解文本的创作背景，明白这篇文章是史铁生沉淀四年后的再发现，这样在读这篇文章的时候，学生就能进入情境，带着沉蕴的情感走近文本。	
环节二：细读文本，探寻史铁生往事回忆中"清晰"的内容	
教师活动2 　　提出本节课主问题：结合课文中的具体语句说说史铁生在"纷纭的往事"中"清晰"了什么？	**学生活动2** 　　自读课文，圈点批注，初步探寻； 　　小组讨论，同伴交流，共同探讨； 　　分享交流，共同切磋，深入体会。
活动意图："清晰"的内容包括几个不同的层面：首先是母亲对作者的爱，其次是母亲的苦难和伟大，再次是母亲坚韧的生活态度，最后是这种生活态度对作者生活态度的影响。这个问题的设计及教师对学生讨论的追问、点拨、引导，可以帮助学生逐层深入地理解文本内涵。 　　呈现这节课的主问题后，学生将通过默读、批注、小组交流等方式品味母爱，教师应注意引导学生感受母亲的苦难以及母亲面对苦难时的大爱和坚强乐观，并理解史铁生的愧疚和遗憾。 　　在分析母亲的大爱与坚强，以及作者的愧疚与遗憾的过程中，学生会受到潜移默化的影响，这也将成为学生反观自身、理解亲情、思考生命与成长的学习基础。 　　同时，教师在此环节要做好对学生自读、讨论、分享等学习过程的引导，关注学生读文章、圈点批注的习惯，并提出具体的讨论和分享要求，如轮流发言、认真倾听、记录并吸收他人观点、礼貌反驳等，从而引导学生养成自主学习与合作学习的习惯，学习并实践交流与表达的礼仪与规则。	
环节三：再读文本，理解史铁生看"清晰"后的变化	
教师活动3 　　1.提出难点突破问题：朗读最后一段，结合景物描写及文中其他细节体会"好好儿活"的含义。	**学生活动3** 　　结合景物描写及作者前后对美好事物态度的变化，分析"好好儿活"的含义，重读文中其他细节，发现母亲对史铁生人生态度的影响。

学科德育指导手册（中学）

教师活动	学生活动
2. 在学生讨论上一个问题时，适时引导学生通过比较文本中的具体语言信息，发现作者前后的变化，并分析产生这个变化的原因，进而理解"好好儿活"的含义。	

活动意图：引导学生品读景物描写，理解"好好儿活"的含义，在理解的基础上，阅读前文，比较史铁生的变化，理解这个"好好儿活"是在母亲的影响下产生的。从而引导学生形成对本文中母爱的深层理解，并受到母亲及作者坚韧乐观的生活态度的影响。帮助学生从至爱亲情和生活态度两个层面理解文章内涵。

环节四：由文及己，再悟母爱

教师活动 4	学生活动 4
1. 启发学生在文学阅读中反观自己的生活。 2. 通过总结文章中所呈现的母爱的力量，启发学生领悟母爱的深厚内涵：不仅仅是生活上的照顾，还有理解、包容，更是对待生活的态度的传承。	总结课堂所学，表述对母爱的深广理解。

活动意图：德育是一个知行合一的过程，语文学科的德育，不应该只停留在感动上，在教学中可以引导学生由文本联系自身，反观自己的生活和成长，从作品中获得指导自身成长的启示和力量。总结课堂所得，理解母爱的深厚内涵，并结合生活体验去理解亲情，理解本文呈现的坚韧乐观的生活态度；凸显本节课在理解亲情、乐观生活等方面的德育价值。

环节五：布置后续的活动任务

教师活动 5	学生活动 5
布置实践任务作业：持续一周悄悄观察自己的一位亲人，并悄悄采访其他家庭成员，了解关于这位亲人的故事，思考沉淀后，把自己的发现和感受写在随笔本上。	完成记录作业。

活动意图：在观察和采访中发现亲情的细腻和深邃。

（七）板书设计（见图 6-2）

说明：以"爱"为核心，品读出本文中母爱"理解孩子""关心孩子""细致入微""隐忍坚强"等多维度的特点，进而理解作者对母亲的情感以及母爱对作者的影响，最终联系自身进行反思。这个板书设计示意史铁生的母亲通过自己的爱影响史铁生的人生态度，史铁生又用他的回忆文章影响了读者，这种影响如一圈圈的波纹荡漾开去，影响到越来越多的人。

图 6-2　板书设计

（八）作业与拓展学习设计

必做： 持续一周悄悄观察自己的一位亲人，并悄悄采访其他家庭成员，了解关于这位亲人的故事，思考沉淀后，把自己的发现和感受写在随笔本上。

选做： 阅读史铁生的散文《我与地坛》，体会史铁生的人生思考，记录自己的感受和困惑。

（九）教学反思与改进

1. 教学亮点

（1）学科知识能力目标和德育目标结合得好，德育目标在语文学习活动中自然落实。

（2）问题设计和追问引导，保证了学生理解的深度，学生的理解没有停留在对"母爱"和"感动"的空泛理解上，而是从母亲的苦难和伟大、作者积极的人生态度，以及母亲对作者的影响等角度进行了深入的分析。

（3）本课教学设计基于单元大情境和总体学习任务设计，学生课下拓展学习任务有效地实现了课时任务与单元任务的衔接、课内与课外的联通。

2. 需改进处

（1）应更加突出学生的主体作用，更好地把握学情，通过问题驱动、任务驱动的方式呈现学生的学习情况，落实当堂的教学目标。

（2）学习活动评价和反馈要分阶段、持续性地进行，从而扎实落实本单元的教学目标。

（3）应更加重视课堂实际生成，根据课堂生成因势利导，对课前的教学设计预设进行及时调整与取舍，以保证教学目标和德育目标更有效的达成。

教研员点评

一堂学科德育课程，首先应当是一堂好的学科课程，德育点与学科知识、学科能力、学科思维应当有机融合在一起。学科教学是明线，德育是暗线，明暗交织，才能无痕有效。

因此，我们不妨从德育点的挖掘、情境的设置、学习任务的设计和持续性评价几个角度来看孙青老师的这节课。

首先，是德育点的挖掘。德育点的挖掘应当从学科教学内容中来，从具体的学科内容对学生成长产生的影响中来。《秋天的怀念》这篇散文，是史铁生怀念母亲的一篇文章，史铁生在回忆中，越来越明晰了母爱中的苦难、隐忍、坚强，更重要的是，这种隐忍与坚强，最终促成了史铁生的性格转变，使他终于走出精神困境，坚强乐观起来，这种坚强乐观的性格伴随了史铁生的一生。因此，《秋天的怀念》的德育点，或者说"情感态度价值观"目标，不能止于感受母爱，更要挖掘史铁生笔下母爱的具体内涵，挖掘这种具体内涵对史铁生人生态度的影响，进而用这种人生态度影响学生的人生态度。孙青老师对这节课德育点的挖掘，一是理解父母，一是乐观坚强的人生态度，属于生命教育的话题。初一的学生处于青春期前期，这两个点，对于这个年龄段的孩子是非常重要、非常适切的。

其次，是真实情境的设置。对真实情境的理解不能窄化，不是只有社会生活情境才是真实情境，学科认知情境也是重要的真实情境。散文作者在写作的时候，会以"当时我"和"写时我"两种状态进入文本叙述，对这两个"我"的发现，是学生在阅读散文、学习散文过程中逐渐形成的学科认知。孙青老师从这个认知的发现和发展入手，给学生出示了史铁生《我与地坛》中的语句——"只是到了这时候，纷纭的往事才在我眼前幻现得清晰"，及《秋天的怀念》创作背景，引发学生的认知冲突：为什么史铁生四年之后才写《秋天的怀念》？史铁生在对"纷纭往事"的追忆中，究竟"清晰"了什么？这样的一种认知冲突是真实存在的，这种认知冲突本身，就构成了深入学习《秋天的怀念》的一个真实的学科认知情境，这个认知冲突的解决过程就是引导学生对这篇散文的理解由浅层走向深层的过程。

再次，是学习任务的设计。与真实情境设置相适应，探寻史铁生"清晰"了的内容，就构成了学生学习本篇散文的挑战性任务。在对这个任务的预设中，教师认为理解母爱的内涵是相对容易的，而理解史铁生坚强乐观的生活态度，理解史铁生对生命的认识是难点所在，因此，教师通过问题引导等方式辅助学生理解，引导学生阅读描写菊花的段落，来理解史铁生对生命的态度。但我们看到，在实际教学过程中，学生多次走进文本之后，在教师引导学生读这一段之前，学生相互启发，已经在对比前后文史铁生的变化过程中，发现了史铁生性格和生命态度的变化。在学生与文本的对话中，学生已经实现了与作者的深层对话。

最后，孙青老师对学生课堂表现设计了持续性评价标准。教师根据学生课上的表现可以评估学生的理解程度和课堂教学目标（包括德育目标）达成的进度。而在实际教学过程中，往往又会忽视利用评价设计来及时地对学生进行反馈，对学生的学习过程进行有效引导。这节课上，评价反馈的方式主要是教师对学生回答的点评，其实，除了教师点评之外，是不是还可以有更好的方式使得评价本身成为学生学习和持续深入理解的抓手呢?同时,教师如何根据持续性评价的结果及时调整自己的教学,对学生的学习做出更适切的引导呢?这可能是我们需要继续研究的问题。

评课人:徐国珍、田圆、赵岩　北京市海淀区教师进修学校

第七章 中学数学学科

第一节 学科德育范畴

根据《中小学德育工作指南》中五个方面的德育内容，形成各学科共同的德育范畴。根据中学数学学科本质，形成学科特色德育内容范畴，以"X"形式进行呈现。"X"的内容主要包括科学精神教育、科学方法教育和科学态度教育，着力引导学生"会用数学的眼光观察现实世界，会用数学的思维思考现实世界，会用数学的语言表达现实世界"。综上，形成中学数学学科德育范畴（详见表7-1），为培养德智体美劳全面发展的社会主义合格建设者和可靠接班人奠定基础。

表 7-1　中学数学学科德育范畴

德育范畴	内容阐释	示　例
理想信念教育	在数学学科教学过程中，教师可以通过设计恰当的实际背景，并在解决数学（或实际）问题的过程中向学生展示劳动者艰苦奋斗、勤俭朴素、奉献社会、超越自我的崇高精神，帮助学生树立远大理想，培养学生爱祖国、爱人民、爱党、爱社会主义的信念，逐步形成良好的道德品质。	人教版七年级下册"一元一次不等式"：结合塞罕坝植树造林、维护生态环境的真实情境，设置若干与不等式相关的问题，在这些问题的解决过程中让学生体验数学知识在实际生活和生产中的应用，既体会到数学知识的价值，又感受到五十年来几代塞罕坝人在党的领导下，践行国家改革开放的好政策，不畏艰辛，艰苦奋斗的革命乐观主义精神，引导学生树立远大理想。
社会主义核心价值观教育	在数学课程中，教师可以通过一系列真实数据和案例，让学生了解我国人民生活水平不断提高、文明不断进步、国家在世界民族之林的地位不断提升的事实。	人教A版高中选择性必修第一册"圆锥曲线的光学性质及其应用"：展示教师参与西部支教活动中所拍到的系列照片，引导学生感受西部农村的变化情况，体会到国家扶贫工作的重要意义。教师从其中一张太阳灶的照片入手，将话题引到数学话题上，通过学生的讨论，得出太阳灶的反射面应该是抛物面，并开始对其进行研究。研究是在师生的讨论中不断修正完成的，充分体现了数学研究的科学方法。在举例抛物面的应用时展示我国在贵州建成的射电望远镜，并提及科学家南仁东先生为了射电望远镜披星戴月二十载，为祖国辛勤工作的事迹，听课的学生和老师对科学家的敬佩之情油然而生，教师借此激励学生要勤奋学习，立报国之志。

第七章　中学数学学科

续表

德育范畴		内容阐释	示　例
5	中华优秀传统文化教育	在数学发展史中，中华民族有着杰出的贡献，在许多方面的成就领先于世界，在教学中要利用好这些契机帮助学生感悟中华文明在世界历史中的重要地位，有作为中华民族一员的归属感和自豪感。	人教版八年级下册"勾股定理"：通过"赵爽弦图"介绍勾股定理的基本思路，让学生了解我国数学家积极探索的精神和杰出的智慧成果，体会中华文明对世界科技发展的贡献，增强学生的民族自信心和自豪感。
	生态文明教育	统计课程贯穿小学到高中的学习，学生在统计课程的学习中，能够通过统计数据了解生态文明建设的重要性，思考人与自然和谐发展的重要性，学会尊重一切生命及其生存环境，有积极参与环境保护行动的愿望，养成环保的生活习惯，形成保护环境的意识。	人教版七年级下册"从数据谈节水"：教师组织学生选择不同的调查对象，有的小组选择调查垃圾分类情况，有的小组选择调查节水情况，有的小组选择调查绿色出行情况。其中调查节水情况的小组以北京缺水情况为主题，以问卷的方式对学校师生以及周围亲朋好友做调研、搜集数据，由数据发现还有一部分人认为北京并不缺水或不太缺水，然后小组又做了一项关于节水的实验，并计算出一个家庭一年的节水量用于灌溉玉米地，收获的粮食够一个人吃一生。小组报告以较为翔实的数据和惊人的研究结果引起了同学和老师的关注，有助于大家形成节水意识。
X	心理健康教育	数学学科因其研究内容的高度抽象性、思维的缜密性、逻辑的严谨性，被绝大部分学生认为是最难学习的学科之一。在培养正确的学习观念、发展学习能力、改善学习方法等方面，数学学科对学生有很大的帮助，能有效促进学生提高学习效率，培养学生应对失败和挫折的能力。	人教B版高中选择性必修第一册"直线与圆锥曲线的位置关系"：这节内容常常涉及很复杂的计算，对学生的心理是极大的考验，这些内容的学习，不仅能帮助学生提高他们的数学能力，而且能够帮助学生树立克服困难的勇气和信心，能培养学生应对失败和挫折的能力。
	科学精神教育	数学在形成人的理性思维、科学精神和促进个人智力发展中发挥着不可替代的作用。科学精神是科学实现其社会文化职能的重要形式，是科学文化的主要内容之一，包括自然科学发展所形成的优良传统、认知方式、行为规范和价值取向。数学学科学习要体现科学精神，帮助学生养成认真勤奋、独立思考、合作交流、反思质疑的学习习惯。在数学研究的过程中对不同意见采取宽容态度，不迷信权威，提倡怀疑、批判、不断创新进取的精神。	人教版七年级下册"实数"：教师对教材做出适当的调整，并不是先讲平方根和立方根，而是先让学生意识到有理数不够用了，从而产生疑惑，并对新的数进行探究。教师在教学中先通过面积为2的正方形的边长引出有一个数 x，它的平方等于2，那么它是谁？从正方形可知该数是确定的，从代数上如何了解它呢？课堂中，通过两边夹边的方式得到该数的近似值，学生能感悟到这个数不是之前所熟悉的有理数，从而提出该数既不是有限小数，也不是无限循环小数，猜想它不是有理数，那么它应该是无限不循环的一个小数。教师带领学生通过证明得到它不是有理数的事实，同时得出他是一个新的数。在这个过程中学生感受到了质疑、批判、不断创新进取的精神，同时从教师讲授的关于无理数的史实中体会到数学研究者具备反思质疑、不迷信权威的科学精神的重要性。

63

续表

德育范畴	内 容 阐 释	示　　例
X	科学方法教育	在数学学习中，学生常常按照"观察、猜想、证明"的方式来认知数学知识，这是数学的研究方法，也是学生通过数学学科的学习能够获得的科学方法。通过这些方法，学生在数学学习活动中发展演绎推理能力，发展观察问题、提出问题、分析问题、解决问题的科学探究能力。	人教B版选择性必修第三册"数列"：重点研究等差数列与等比数列，这两种特殊的数列有着密切的关系，可类比等差数列来研究等比数列。这样的类比需要学生先进行观察，然后猜想它们具有类似的规律，再去证明这种规律，并将这样的思维方式运用到其他的数学学习中。如等差数列定义中的核心部分是 $a_{n+1}-a_n=d(n\in N^*)$，通过类比猜想出等比数列定义中的核心部分是 $\frac{a_{n+1}}{a_n}=q(n\in N^*)$。用叠加的方法可得等差数列的通项公式：$a_n=a_1+(n-1)d(n\in N^*)$。类比等差数列，用叠乘的方法可得等比数列的通项公式：$a_n=a_1q^{n-1}(n\in N^*)$。等比数列的一些性质，也可以类比等差数列得到。
	科学态度教育	数学学科讲究科学态度，在大部分数学内容中，结果具有唯一性和确定性，解决问题的方法和过程明确而且严谨。在数学学科的学习中要鼓励学生质疑问难，形成科学严谨、实事求是的人生态度，提升创新意识和审美意识；同时培养他们尽心尽力学习、尽职尽责工作的态度和情感。	人教版九年级上册"圆周角"：学生将学习关于圆周角的知识，如同弧或等弧所对的圆周角相等；半圆（或直径）所对的圆周角是直角。学生学习后会出现一知半解的情况，经常这样表述：同弧或等弧所对的角相等（缺"圆周"两字）；半圆（或直径）所对是直角（缺"圆周角"三字）。这些表述都体现了学生缺少科学的态度，对所学知识不求甚解，仅满足于知道个大概。通过教师的教学，要让学生逐步改掉这些不好的习惯，形成科学严谨、实事求是的治学态度。

备注："5"为《中小学德育工作指南》中五个方面的德育内容，是各学科共同的德育范畴；"X"为体现学科本质的学科特色德育内容范畴。

第二节　学科德育实施建议

　　党的十八大明确提出要努力办好人民满意的教育，十九大报告再次强调："建设教育强国是中华民族伟大复兴的基础工程，必须把教育事业放在优先位置，加快教育现代化，办好人民满意的教育。"党的二十大报告指出："教育是国之大计、党之大计。培养什么人、怎样培养人、为谁培养人是教育的根本问题。"中小学德育工作应全面贯彻党的教育方针，坚持教育为人民服务、为中国共产党治国理政服务、为巩固和发展中国特色社会主义制度服务。中小学必须坚持把德育工作摆在素质教育的首要位置，树立"育人为本"的思想，

第七章 中学数学学科

将"思想政治素质是最重要的素质"的要求落实到教育工作的各个环节中，促进学生认知和行为的统一，为学生的终身发展奠定基础。

数学学科是中学生在校学习的主要科目，内容丰富，课时较多，更应该承担寓德育于学科教学的任务。数学是人类文明的重要组成部分，在人类历次科学和技术的革命中，数学总是扮演着先导和中坚作用。例如在17世纪，笛卡儿创立的解析几何、牛顿、莱布尼兹发明的微积分等，不仅影响了所有自然科学的发展，也奠定了第一次工业革命的基础。在人类思想、精神的形成和发展中，在每一个人的发展和进步中，数学也作出了重要且不可替代的贡献。张恭庆院士强调："数学实力往往影响着国家实力，世界强国一定是数学强国。"

数学在人类文明发展中发挥了重要作用，尤其是它的育人价值，数学的育人价值主要是通过数学教育实现的。在现代教育体系中，除了本国语文，数学是学习时间最长、学习内容最多的学科。现代教育体系包括学校教育、终身教育。现代数学教育体系中，学校数学教育包括学前、小学、中学、中专、大专、大学、研究生数学教育，是一个复杂的体系；终身数学教育包括数学科普、各种职业培训等。各种招聘考试都会涉及数学的内容。

关于如何才能结合数学学科的特点，体现和融合学科德育，我们给出如下建议。

一、设计适当的问题情境，借助情境激发学生的感受

数学教学本身就需要设置在一定的情境中，好的情境容易让学生产生共鸣，达到好的教育效果。例如：可以选择学生身边熟悉的事例或者新闻热点等具有时代感的素材。

在设计"一元一次不等式的解法"这节课的教学时，教师选择了以塞罕坝为德育的素材，通过各大媒体的宣传，人们了解了塞罕坝从鸟语花香的原始丛林到满目疮痍的荒漠又到现在拥有120多万亩植被的现代化林场的百年变迁，并被塞罕坝人为了保护生态环境甘于奉献、艰苦奋斗的精神所感动。这个素材正好符合初中学段生态文明教育目标而且具有时代感，学生容易接受和产生共鸣。

这样的德育素材又如何和我们的教学内容有机融合在一起呢？这应该是数学教师在教学设计中最大的难题了。首先就是要收集各种和塞罕坝相关的资料，筛选教师所需要的数据和内容，再根据教学要求设计出为教学服务的问题。学生在解决问题的过程中既学习到了数学知识又在潜移默化中受到了德育。这节课中教师设计了三个问题，贯穿整个教学过程。问题1的设计意图是通过计算结果令学生切实感受到塞罕坝是个天然的大氧吧。问题2的设计意图是让学生感受塞罕坝人不畏艰辛、艰苦奋斗的精神，同时渗透环保教育。问题3的设计意图是对学生进行环境保护教育并渗透林业知识。从教学效果来看，这节课的教学基本上达到了预期的德育目标和效果，学生在学习数学知识的过程中接受了

环保教育，学生们也被塞罕坝人不畏艰辛、艰苦奋斗的精神所感动。德育线体现得清晰、自然。

除此之外，还可以在数据的收集整理中对身边与生态有关的现象进行调查，例如水资源的调查、绿色出行的调查、垃圾分类的调查等，教师应该先对生态文明的相关知识有所了解，这样才能设计出一节富含学科德育的数学课。

二、将学科德育融于数学课堂教学中

在数学课堂中体现学科德育要含而不露，自然而然地进行，口号式的教育往往效果不佳。教师应该在教学设计中关注学科德育的融合，在整个教学过程中有学科德育的意识。

数学是一门基础学科，学好数学知识能为学习其他学科打下坚实的基础，科学精神的培养已成为数学教学评价的重要目标。教师在教学过程中要引导学生养成认真勤奋、独立思考、合作交流、反思质疑的学习习惯。

例如，在有理数的减法的教学中，教师给出同一天我国漠河县和三沙市的最高温和最低温，让学生进行温差的计算，这其中蕴含着我国幅员辽阔的意义。教师如果长期坚持这样设计与实施，即使不直接说出，学生也会慢慢领会到这些意义。在圆锥曲线的光学性质的讲授中，教师从西部农村家庭中常见的太阳灶出发讲解抛物线的光学性质及其应用，列举了建在贵州的射电望远镜，并介绍了科学家南仁东先生。教师在教学中没有刻意渲染，但让人深深感受到西部扶贫的成果和科学家的伟大奉献精神。

教育无痕，教师刻意讲授的一些内容和观点往往不容易被学生接受，以润物细无声的方式长期坚持，其效果更佳。

三、数学课堂要体现数学学科的特点和价值

数学学科研究问题的方法具有鲜明的特点：对研究对象的表达要准确而且简洁，表述要富有逻辑性，结果的呈现往往是准确的。学生常常通过观察、猜想、证明等过程来学习数学，在这个过程中提高自身的数学素养和学习品质。

例如，在讲授"圆"这一章时，教师引导学生探究"不在同一直线上的三个点确定一个圆"这一结论，有意识地培养学生的探究与反思质疑意识。教师首先提出问题：两点确定一条直线，几点可以确定一个圆？随后学生展开研究，作过已知一点 A 的圆。学生通过作图发现这样的圆有无数个，究其原因是圆心、半径都不确定。这样也就找到了解决问题的根本：要确定圆心、半径。学生自然地开始探究作过已知两点 A、B 的圆。在这一探究过程中明

确定了圆心的位置：必须在 AB 的垂直平分线上。虽然仍然不能确定圆，但是这个研究过程为后面的探究奠定了方法。学生自然转到探究作过已知三点 A、B、C 的圆，经过观察推理总结出自己的结论：三点确定一个圆。教师让学生作过在同一直线上 A、B、C 三点的圆。学生按照上述方法发现两垂直平分线不相交，无法作出过这样三点的圆。于是发现探究过程和结论的瑕疵，做出修改，从而得出正确结论。但是探究并没有结束，教师提出新问题：过任意四个点是不是一定可以作一个圆？举例说明。可让学生课下完成探究。引导学生有目的地探究，主动去探究，在探究中慢慢形成反思质疑的意识，有了这种意识学生会自己走进科学研究领域。

学科德育不是一朝一夕的事，更不是上一节研究课就能完成的事，是需要长期坚持、深入研究和思考、不断学习的重大工程。教师的首要任务是育人，然后才是学科教学，所以在数学课堂中融入学科德育是每一位数学教师都需要认真思考的课题。

第三节　学科德育典型课例

基本信息

教师姓名	付娟	学　　校	北京一零一中学
教学年级	七年级	教科书版本及章节	人教版《数学》七下第九章第二课

一、单元教学设计

单元学习主题　　不等式与不等式组

（一）单元教学设计说明

"不等式与不等式组"这一章的课程标准如下。

（1）结合具体问题，了解不等式的意义，探索不等式的基本性质。

（2）能解数字系数的一元一次不等式，并能在数轴上表示出解集；会用数轴确定两个一元一次不等式组成的不等式组的解集。

（3）能根据具体问题中的数量关系，列出一元一次不等式，解决简单的实际问题。

因此这一章主要承载着培养学生的数学建模、数学抽象、数学运算这三个核心素养的任务。本章按照教材内容设计分为三个部分：第一部分重点是不等式的相关概念和性质，包括①不等式及其解集；②不等式的性质。第二部分重点是不等式的解法，包括①一元一次不等式及其解法；②一元一次不等式组及其解法。第三部分重点是不等式的应用，列一元一次不等式（组）来解决实际问题。第三部分内容是渗透在前两个部分中的，实际问题作为大背景贯穿全章，目的是突出建模思想。

（二）单元学习目标与重难点

1. 学习目标

（1）了解一元一次不等式及其相关概念，理解不等式是刻画现实世界中不等关系的一种有效数学模型。

（2）通过观察、对比和归纳，探索不等式的性质，能够利用它们探索一元一次不等式的解法。

（3）了解解一元一次不等式的基本目标，熟悉解一元一次不等式的一般步骤，掌握一元一次不等式的解法，并能在数轴上表示出解集，体会解法中蕴含的化归思想。

（4）了解不等式组及其相关概念，会解由两个一元一次不等式组成的不等式组，并会用数轴确定解集。

2. 学习重点

（1）了解不等式的性质。

（2）掌握一元一次不等式的解法。

（3）从实际问题抽象出不等关系，建立数学模型。

3. 学习难点

以不等式为工具解决问题，建立不等式模型。

（三）单元整体教学思路（见表7-2）

表7-2　单元教学结构

单　元	小　节	主　要　任　务	课时数
不等式的相关概念及性质	不等式、一元一次不等式及其解集	1. 了解不等式、一元一次不等式概念 2. 了解不等式的解、解集概念 3. 利用数轴表示不等式解集	1课时
	不等式性质	不等式基本性质的研究	1课时
一元一次不等式（组）的解法	一元一次不等式解法探究	类比解一元一次方程的基本步骤，探究解一元一次不等式的基本步骤	1课时

续表

单　元	小　节	主　要　任　务	课时数
一元一次不等式（组）的解法	一元一次不等式解法习题课	熟练掌握一元一次不等式的解法，培养数学运算核心素养	1课时
	一元一次不等式组解法	熟练掌握一元一次不等式的解法，培养数学运算核心素养	1课时
	一元一次不等式组解法探究习题课	综合运用一元一次方程（组）、一元一次不等式（组）	1课时
实际应用	一元一次不等式的实际应用	根据实际情境建立数学模型，并解决问题	1课时
	一元一次不等式组的实际应用	根据实际情境建立数学模型，并解决问题	1课时

二、课时教学设计

课题	一元一次不等式的解法		
课型	新授课 ☑　习题/试卷讲评课 ☐	章/单元复习课 ☐　学科实践活动课 ☐	专题复习课 ☐　其他 ☐

（一）教学内容分析

不等式位于一次方程（组）之后，它是进一步探究现实世界数量关系的重要内容。不等式的研究从最简单的一元一次不等式开始，一元一次不等式及其相关概念和不等式的基本性质是本章的基础知识。任何一个代数不等式（组）最终都要化归为一元一次不等式，因而解一元一次不等式是一项基本技能。

解一元一次不等式与解一元一次方程基本思路是类似的，即依据不等式的性质，逐步将不等式化为 $x>a$（或 $x<a$）的形式，从而确定未知数的取值范围。这一化繁为简的过程充分体现了化归的思想。学生在学习建立一元一次方程的数学模型的基础上，初步体会用一元一次不等式建立数学模型来解决实际问题，并体会它们之间的内在联系。

（二）学习者分析

本课的内容是在学生学习了一元一次方程的解法和应用及不等式的性质之后展开的。这个班的绝大部分学生能够熟练掌握一元一次方程的解法并理解每一步的变形依据，对不等式的性质1、2学生也理解得比较到位，但是部分学生对性质3的掌握还不够好。

在建立不等式模型解决实际问题时，学生要经历一个数学抽象的过程，其中蕴含了符号化、模型化的思想，虽然学生通过建立方程模型解决问题积累了一定的建模经验，但是对学生来说抽象数学模型的过程仍旧是难点。学生对运算课缺乏兴趣，感觉枯燥、没有实用价值，因此需要在教学过程中引入实际背景并采取多种教学手段激发学生的学习兴趣，让学生在利用不等式这个数学模型解决实际问题的过程中体会学习不等式解法的必要性。

（三）学习目标

（1）掌握一元一次不等式的解法。

（2）在依据不等式性质探究一元一次不等式解法的过程中，加深对化归思想的理解，在与方程的研究方法进行类比的过程中学习解不等式的一般方法。

（3）能从实际问题中的数量关系中建立一元一次不等式进行求解，体会数学建模的思想。

（4）通过展示塞罕坝的相关资料，一方面对学生进行爱护环境的道德教育，另一方面引导学生学习塞罕坝人身上那种不畏艰辛、锐意进取的生活态度。

（5）在自主探讨不等式解法以及小组合作的过程中，养成独立思考、认真勤奋、合作交流的学习习惯。

（四）学习重难点

重点： 解一元一次不等式中不等式性质的应用。

难点： 从实际问题抽象出不等关系，建立不等式模型。

（五）学习评价设计

（1）通过对学生的回答情况进行评价，体现诊断性，表达激励性。

（2）通过课堂练习情况评价学生对一元一次不等式的掌握情况。

（3）通过学生作业完成情况评价学生学习情况。

（六）学习活动设计

教师活动	学生活动
环节一：导入 播放短片：展示现在塞罕坝的美丽风光。	
教师活动1 对视频中展示的塞罕坝进行简单介绍，让学生了解背景。	**学生活动1** 学生欣赏短片，感受塞罕坝的风光。
活动意图：通过短片的欣赏，让学生被这个林木茂盛、鸟语花香、生态优良的风景名胜区塞罕坝所吸引，对塞罕坝有初步的认识，为引入塞罕坝为实际背景的环保教育主线作铺垫。	

教师活动	学生活动

环节二：
　　问题1：目前塞罕坝拥有120万亩的林海，每年至多可以释放氧气60万吨，如果每人一年呼吸所需氧气约0.3吨，这些氧气至多可供多少万人呼吸一年？

教师活动2 　　教师引导学生用所学的"一元一次不等式"数学模型解决这个实际问题。	学生活动2 　　学生思考并解答问题1。

　　活动意图：学生通过建立一元一次不等式解决实际问题，体会不等式的应用与我们现实生活的紧密联系，从而感受到学习一元一次不等式解法的必要性。数学模型的建立也为后续解法的学习奠定基础。

环节三：利用不等式的性质解问题1中列出的不等式 $0.3x \leqslant 60$

教师活动3 　　板书如下： 　　解：设这些氧气可供 x 万人呼吸一年。 　　　　$0.3x \leqslant 60$ 　　　　$x \leqslant \dfrac{60}{0.3}$ 　　　　$x \leqslant 200$ 　　答：这些氧气至多可供200万人呼吸一年。 　　教师结合以上解题过程指出，解一元一次不等式和解一元一次方程一样要有化简目标，解一元一次不等式的过程就是一步步向化简目标化归的过程。	学生活动3 　　在教师指导下，学生独立完成练习的解答。

　　活动意图：通过解活动3中的一元一次不等式，让学生明确解一元一次不等式的化简目标为 $x>a$（或 $x<a$）的形式，解不等式的主要变形依据是不等式性质，体现了化归思想，为探究较复杂的一元一次不等式的解题步骤做好准备。通过计算结果令学生切实感受到塞罕坝是个天然的大氧吧，感受塞罕坝对维持良好生态环境的重要作用。

环节四：运用PPT播放塞罕坝历史变迁图片（回首塞罕坝的历史）

教师活动4 　　介绍塞罕坝历史。	学生活动4 　　学生观看图片。

　　活动意图：通过展示图片和介绍，让学生意识到保护塞罕坝森林资源对北京生态环境的重要意义，引导学生思考人与自然和谐发展的重要性。通过讲述塞罕坝人在艰苦环境下创造人间奇迹的事迹，激励学生学习他们身上那种不怕困难、艰苦奋斗、锐意进取的道德品质，激励学生去学习、发扬塞罕坝精神。

教师活动	学生活动
环节五： 　　问题2：当时的塞罕坝，集高寒、高海拔、大风、沙化、少雨五种极端环境于一体，自然环境十分恶劣，通过塞罕坝近三代人50年的艰苦奋斗，在极端困难的条件下，在150万亩的总面积上人工造林，使森林覆盖率由建场初期的11万亩左右提高到现在的不低于111万亩，创造了一个变荒原为林海、让沙漠成绿洲的绿色奇迹。为了实现这个奇迹，50年来塞罕坝人平均每年至少要人工造林多少万亩？	
教师活动5 　　引导学生理解题意，列出不等式。	**学生活动5** 　　学生在老师的引导下，独立思考，列出不等式。 　　解：设50年来塞罕坝人平均每年人工造林 x 万亩。 　　则 $11+50x \geq 111$
活动意图：让学生体会不等式是表达不等关系的数学模型，进一步认识到学习求解不等式的必要性。通过数据切实感受到塞罕坝人创造的伟大奇迹，激励他们继承老一辈劳动者身上那种不畏艰辛、艰苦奋斗、奉献社会的崇高精神。通过实例让学生感受到爱护环境、保护环境的重要意义。	
环节六：解不等式 $11+50x \geq 111$	
教师活动6 　　1.提出问题：如何解这个不等式呢？ 　　2.教师结合解题过程，指出解不等式和解方程一样，也可以"移项"，即把不等式一边的某项变号后移到另一边，而不改变不等号的方向。	**学生活动6** 　　解问题2中列出的不等式 　　$11+50x \geq 111$
活动意图：教师通过简化练习中的解题步骤，让学生明确解不等式和解方程一样可以"移项"，理解"移项"的理论依据，为下面类比方程解法解不等式做好准备。	
环节七： 　　问题3：塞罕坝人不断践行绿色发展理念，塞罕坝林场大幅压减木材砍伐量，开始进行养护性开采。塞罕坝林场总面积为140万亩，其中森林面积为111万亩，如果每年平均人工造林4万亩，到3年后若使森林覆盖率不低于75%，平均每年至多可以开采多少万亩林木？	

教师活动	学生活动
教师活动 7 　　引导学生理解题意，列出不等式。	**学生活动 7** 　　学生独立思考，分析不等量关系，列出一元一次不等式。 　　解：设平均每年可以开采 x 万亩林木使 3 年后森林覆盖率不低于 75%。 　　则 $\dfrac{111+3(4-x)}{140} \geqslant 75\%$

　　活动意图：通过列一元一次不等式解决实际问题，让学生体会学习解不等式的必要性。在从实际问题中抽象数学问题的过程中提高学生运用数学知识解决问题的能力。问题的实际背景取材于塞罕坝实际问题，目的是对学生进行环境保护教育。

环节八：复习解一元一次方程的理论依据和一般步骤

教师活动	学生活动
教师活动 8 　　教师指出如果把大于等于号改为等号，就是一元一次方程，并带领学生回顾一元一次方程的解法步骤以及变形依据。	**学生活动 8** 　　学生在老师的带领下复习一元一次方程的解法步骤以及变形依据。

　　活动意图：复习解一元一次方程解法的一般步骤、理论依据以及渗透其中的化归思想，为学生类比自主探讨一元一次不等式的解法等作铺垫。

环节九：学生自主探讨解问题 3 中列出的一元一次不等式，总结解一元一次不等式的一般步骤和变形依据

教师活动	学生活动
教师活动 9 　　教师巡视学生的解题情况，了解学生解不等式的困难点及学生的典型问题并通过实物投影展示学生的做法。 　　引导学生类比解一元一次方程的一般步骤总结解一元一次不等式的一般步骤并板书过程。	**学生活动 9** 　　在教师的引导下解一元一次不等式并总结解一元一次不等式的一般步骤：去分母，去括号，移项，合并同类项，系数化为 1。其中系数化为 1 时要注意未知数系数的符号。若未知数的系数是正数，则不等号的方向不变；若未知数的系数是负数，则不等号的方向改变。

　　活动意图：学生在探讨一元一次不等式一般解法的过程中，体会类比、对比、化归的数学思想方法，养成独立思考、分析问题、解决问题的科学探索精神。

环节十：对比解一元一次不等式和解一元一次方程的相同和不同之处

教师活动	学生活动
教师活动 10 　　提问：解一元一次不等式和解一元一次方程有哪些相同和不同之处？	**学生活动 10** 　　学生在教师的引导下回答问题,总结出： 　　相同点：（1）基本步骤相同； 　　　　　　（2）基本思想相同；

教师活动	学生活动
教师引导学生将解一元一次方程的过程与解一元一次不等式的过程进行比较。	（3）性质作为理论支撑。 不同点：（1）解法依据不同； （2）化简目标不同。

活动意图：在归纳出一元一次不等式的解法以后，引导学生对比一元一次不等式与一元一次方程的解法，思考二者的相同和不同之处，加深对一元一次不等式解法的理解，体会化归思想和类比思想，掌握数学知识的学习方法。

环节十一：

课堂练习，小组合作，解下列一元一次不等式：

（1）$-\dfrac{1}{3}x \geq -2$；　（2）$-\dfrac{x-1}{3} - \dfrac{x+4}{2} > -2$。

教师活动 11	学生活动 11
查看学生解题情况，及时指出有问题的地方。	学生独立完成课堂练习，然后每个小组在组长的带领下针对第二题进行讨论，重点落实每一步的变形依据，并挑选其中一组组长展示讨论结果。

活动意图：学生通过小组讨论掌握一元一次不等式的解法并理解每一步变形的依据。学生在小组长的带领下完成学习任务，在此过程中培养合作交流和互帮互助的精神。

环节十二： 学生小结，谈自己这节课的收获与感受。

教师活动 12	学生活动 12
组织学生回顾课堂，整理学习过程。	学生小组交流后谈收获和感受。

活动意图：学生通过总结再次回顾本节课的内容，学生可以从数学知识、数学思想方法、数学核心素养、德育教育点等多个方面进行总结，提升对本节课所研究内容的理解。学生在互相交流的过程中学会倾听、学会思考、学会表达。

（七）板书设计

一元一次不等式的解法
一元一次不等式
　　　　$x > a$（或 $x < a$）
解：设这些氧气可供 x 万人呼吸一年。
　　步骤 $0.3x \leq 60$　　变形依据
　　系数化 1　$x \leq \dfrac{60}{0.3}$　　不等式性质
　　　　　　$x \leq 200$
答：这些氧气至多可供200万人呼吸一年。

步骤　$\dfrac{111+3(4-x)}{140} \geq 75\%$　　变形依据
去分母　$111+3(4-x) \geq 140 \times 75\%$　　不等式性质
去括号　$111+12-3x \geq 105$
移项　　　　$-3x \geq 105-111-12$　不等式性质
合并　　　　$-3x \geq -18$
系数化　　　　$1x \leq 6$　　　　不等式性质

第七章　中学数学学科

（八）作业与拓展学习设计

1. 课本 126 页第 1、2、3、4 题。

2. 每位同学以白洋淀为背景，类比老师以塞罕坝为背景的方式，至少编一道不等式的应用问题并解答，下周一小组交流，组内推选出至少一道优秀的题目在班里交流展示。

作业 1 的设计意图是让学生巩固一元一次不等式的解法，熟练掌握解题过程，培养学生数学运算这个核心素养。

作业 2 的设计意图有两个，首先锻炼学生收集资料的能力，让他们在阅读资料的过程中了解白洋淀的历史变迁，通过一系列真实数据和案例，感受我国人民生活水平不断提高的事实，增强民族自尊心和自信心。坚定只有中国共产党的领导才能使人民过上幸福生活的信念。其次在编题的过程中培养学生提出问题、分析问题、解决问题的能力，进一步体会一元一次不等式是解决实际问题的数学模型。这项作业并没有限制学生编题的数量和难度，学生可以根据自己的实际能力来完成，体现了不同层次的需要。

（九）特色学习资源分析、技术手段应用说明

适当运用了多媒体等技术手段辅助教学。例如：通过播放塞罕坝图片资料增强感官刺激和震撼效果，使德育主线更加清晰、突出；使用 PPT 辅助教学增加课容量、提升课堂效率；运用投影设备展示学生的练习情况，更加清晰、有效。

（十）教学反思与改进

这节课的教学基本上达到了预期的教学目标和效果，通过实际问题的解决让学生体会学习一元一次不等式的解法的必要性，通过与解一元一次方程一般步骤的对比和类比，让学生体会知识之间的内在联系，渗透类比、对比、化归的数学思想，体现了数学建模、数学运算两个数学核心素养的培养。实际问题是以塞罕坝为背景展开，由浅入深设计了三个问题串，学生在学习数学知识的过程中自然接受了环保教育，也被塞罕坝人不畏艰辛、艰苦奋斗的精神所感动，有利于进一步学习、发扬"塞罕坝精神"。学生在自主探讨一元一次不等式一般解法的过程中，培养了独立思考、分析问题、解决问题的科学探索精神。数学德育线体现得清晰、自然。不足之处是后 15 分钟的课堂节奏把握不足，有一点儿拖沓，学生略感紧张，小组讨论这个环节开展不够充分，个别过渡环节过长，割裂了前后的教学内容。

教研员点评

对这节课的评价，建立在两个前提之上：①初中低年级的数学课；②我们国家大力加强环境保护的时代背景。

付娟老师的这节课是一节成功的数学课，也是成功的充满德育的数学课。从数学本体的角度来看，教师抓住了不等式解法的核心，即不等式等价变形的依据是不等式的性质。在这节课的例题中一共出现三个不等式，由易到难，表达形式逐渐复杂，但是教师始终抓住其本质，根据不等式的性质逐步化简不等式，直至解决问题。在这个过程中培养了学生化繁为简的数学思维和通过准确计算来解决问题的严谨治学的态度。在不等式的教学中，如果只是单纯地列不等式和求解不等式，对于七年级的学生来说无疑是比较枯燥的。数学课堂中应该要呈现知识产生和发展的自然而然的过程，这节课依托塞罕坝森林资源的变迁，尤其是在几代林场工人的不懈努力下所取得的巨大变化，引起学生的关注，并引发学生的一些思考。通过教师的设计，这些思考更加聚焦，更具有逻辑性，这就使得这节课的学习不是那么乏味了，正如课后学生的感受中所写，从未想过数学课这样有意思。

从学科德育（或学科教育）的角度来看，这节课中数学与德育相互交融，学生在学习的过程中受到了熏陶。从课题的引入，就吸引了学生，大多数学生都去过或听说过塞罕坝，对于这个绿化奇迹充满了好奇心。随着教师教学设计以及教学过程的推进，学生会有三方面的思考：大面积的绿化对改变当地的生态会有什么样的帮助？几代塞罕坝人付出了什么样的艰辛才有了今天的成果？塞罕坝建成之后如何利用好这个宝贵的资源？这些思考对学生环境保护意识的培养是大有好处的。

本节课的作业设计也体现了教师的独特用心，延续了课堂以环境保护为背景的研究，能够让学生对课堂上的学习有更深一层的认识，通过自己的实践更能体会数学的应用价值。从课后学生的反馈可知，学生是喜欢这样的课的，觉得这样的数学课有意义，体会到了数学的作用。

我们不能指望一节课的教学能给学生带来根本性的改变，尤其是学科德育，需要润物细无声的、长期的过程。最关键的是教师要有这样的意识，才能在每一节课中融入学科德育。如果教师经常性地像付老师这样设计和实施课堂教学，必然能培养出符合时代要求的合格中学生。

评课人：薛钟俊　北京市海淀区教师进修学校

第八章 中学英语学科

第一节 学科德育范畴

根据《中小学德育工作指南》中五个方面的德育内容，形成各学科共同的德育范畴。根据中学英语学科内容，形成学科特色德育内容范畴，以"X"形式进行呈现。"X"的内容主要包括国际视野教育，引导学生"加强国际视野、国际理解和综合人文素养的积淀，提高跨文化意识，尊重、理解和欣赏不同的民族文化"。综上，形成中学英语学科德育范畴，详见表8-1。

表 8-1　中学英语学科德育范畴

	德育范畴	内容阐释	示　例
5	理想信念教育	通过听、读不同主题的语篇，树立民族意识，树立为传播中华优秀传统文化而努力的理想和信念；加强自身修养，增强个人意志，坚定求真向善的信念。 　　通过对不同语篇主题意义的挖掘，加强学生对国家、民族的情感，引导学生为实现中华民族伟大复兴的中国梦而努力，增强作为中国人的自豪感和责任感，继承革命传统，不断树立为共产主义远大理想和中国特色社会主义共同理想而奋斗的信念和信心。通过主题意义的建构，引导学生明确人生发展方向，成长为德智体美劳全面发展的社会主义建设者和接班人。	人教版七年级下册 Unit 3 Section B "Crossing the River to School"：在"你所了解的上学方式"的情境驱动下，通过同学间交流、头脑风暴，学生可以了解到常见的上学方式；学生在阅读该文章后，了解到这里孩子们的生活现状、他们上学路上的艰辛，以及他们对上学的态度。此处，学生通过将自己了解的上学方式与文中的上学方式进行对比，深切感悟该地区孩子求知路上的艰难险阻，并体会这些孩子们的坚韧不拔；通过与自己上学方式的对比，感悟自己的幸福生活；教师可以进一步引导学生针对文末的提问"Can their dream come true?"进行批判评价，提出切实可行的实现梦想的路径，并分析自己可以为这些弱势群体做些什么。在讲授该语篇时，一方面，教师应引导学生珍惜自己的幸福生活，养成积极乐观的心态；另一方面，要鼓励学生跳出自我舒适区，主动思考自己对于实现社会的整体进步所肩负的责任，把自己作为社会的一分子来重新定位，树立起勇挑民族复兴时代重任的信念。

续表

德育范畴	内容阐释	示例
5 社会主义核心价值观教育	把社会主义核心价值观融入英语教育的全过程。把国家、社会、公民层面的价值准则融入英语教育活动中。通过英语学习了解家乡、祖国的变化，了解家乡的风土人情和名胜古迹，培养爱家乡、爱祖国的情感；树立民族认同感，厚植爱国主义情怀，认真学习，努力工作，把个人的前途命运与国家繁荣富强、人民幸福安康联系起来，培养报效祖国的情感；了解并主动继承、传播中华民族的优秀文化传统；理解敬业是基本的职业道德要求，尊重不同职业、尊重为了人类发展而付出的人，并且坚定自己的职业道德。关心他人、帮助他人，树立集体责任感；培养刻苦学习的坚强毅力和诚实待人的道德品质。了解健康生活的重要性，培养良好的生活学习习惯；爱护公物、保护自然环境；并能唤醒更多的人一起关注环境保护；了解遵守纪律、法规的重要性。	人教版八年级下册 Unit 1 Section A "Bus Driver and Passengers Save an Old Man"：教师可通过设置"我为理想社会画像"的主题情境，启发学生初步思考人与人之间的关系。在初步思考的基础上，通过阅读此语篇，学生可以了解一群陌生人救助一位心脏病患者的故事；教师可以通过启发学生从正反两方面思考这件事的价值和意义，进而深入分析语篇，了解语篇中这群陌生人的善意，以及这些善意所产生的价值；通过分析启发学生去感悟，在生活中我们面对他人的困难，应该尽最大努力，给别人带来安全、保障的同时，也为净化社会风气、创建和谐温暖的社会做出贡献。同时，还可以通过补充阅读，启发学生去关注社会上一些自私、冷漠的现象。教师可通过分析这些现象，引导学生思考，我们应该努力建设一个什么样的社会，要实现这样的目标，我们应该如何对待这些自私、冷漠的现象。需要注意的是，学生思考问题的方式可能比较直接和单一，对社会现象的分析也容易偏颇，这部分需要老师重点引导。总之，教师可通过分析不同语篇，引导学生为和谐社会画像，进一步理解社会主义核心价值观，并树立为践行社会主义核心价值观而努力的信念。
中华优秀传统文化教育	通过英语学习，实现"用英语讲述中国故事"的教育目标。通过英语学科的学习更加全面地认识中华民族的历史传统、文化积淀，激发爱国情感，树立民族自信。了解爱国志士的革命故事，熟悉中华民族重要的传统节日，了解家乡生活习俗、文化内涵；能够理性地看待历史人物的贡献及文化的传承；了解传统礼仪，学会接人待物的礼节；培育热爱家乡、热爱生活，亲近大自然的情感；并能对自然产生敬畏之心。学会理解他人，懂得感恩；孝敬父母，尊敬师长，友爱同学，礼貌待人；勤俭节约，吃苦耐劳，养成言行一致的生活习惯和行为规范；逐步提高辨别是非、善恶、美丑的能力；争做知荣辱、守诚信、敢创新的中国人。 在中学阶段，还应通过对中西文化的了解，发展对不同文化的鉴别力以及对优秀文化的认同，加强对中华传统文化的理解，传承发展中华优秀传统文化，大力弘扬中华传统美德、中华人文精神，增强文化自信。	人教版八年级下册 Unit 6 Section A 听力和阅读：本单元可以通过设计"我来讲经典"的单元主题情境，引导学生在该情境下去感悟经典。在这两个部分，学生可以通过听愚公移山的故事，以及阅读西游记的故事，梳理故事脉络，提取人物性格特点，并分析其对自己的影响。同时，教师还应在"讲经典"这个大的情境下，引导学生思考这两个故事成为经典的原因，思考创作者通过这两个故事想表达的主题，以及这类经典作品带给我们的启示；同时，教师还可以引导学生阅读其他经典作品，从经典中汲取营养，从而增加学生对传统文化的认知；教师也可以引导学生反思自身，审视自己与经典的距离，引导学生树立品读经典的意识；同时，学生通过思考经典作品的时代价值，明晰经典作品对今日世界的启迪和意义，树立传播中华优秀传统文化的意识和决心。

续表

德育范畴	内容阐释	示　　例
5 生态文明教育	通过英语学习了解世界以及祖国的大好河山和地理地貌，认识大自然，欣赏大自然的美，知道生物的多样性，学会与大自然和谐相处，热爱大自然、敬畏大自然。增强保护环境的自觉性，养成基本的环境保护行为规范和行为习惯，积极参与校内外节粮节水节电教育活动，推动实行垃圾分类，倡导绿色消费。树立尊重自然、顺应自然、保护自然的发展理念，养成勤俭节约、低碳环保、自觉劳动的生活习惯，形成健康文明的生活方式。能够辩证看待人类活动与生态文明的关系，树立人类发展共同体意识。	北师大版高中必修第三册 Unit 8 "Roots & Shoots" "'White Bikes' on the Road" "Greening the Desert"：这些语篇共同指向保护环境、实现生态文明的主题。这三篇文章从不同领域的环保人士入手：珍妮·古道尔作为科学家的担当、易解放替逝去的儿子圆梦的行为，以及一些普通人为了改善交通状况所做的努力。在学习这个单元时，教师可以通过"我与环保同行""我为环保建言"等单元主题情境的设置，引导学生在读和听的活动中了解他人为环保所做出的努力，梳理出珍妮·古道尔、易解放的人格特征，并阐释这些特征对我们的启迪。同时，教师在带领学生梳理第三课中 white bikes 这项运动的起源、发展过程时，应帮助学生理解：环保是我们每个人的责任，也是我们每个人力所能及的事情。在阅读此语篇时，教师应适时引导学生思考我们如今在绿色交通中所面临的问题，以及我们能从语篇中学习到什么。通过三个语篇的纵横对比，学生可以更好地梳理出每个领域或者每个个体在环保中的角色，充分意识到自己身上的环保使命。教师还可以通过项目式学习，引领学生就自己所关心的环保（环境）的某一个侧面展开学习，通过资料查询、专业咨询等方式，提出行之有效的问题解决方案。总之，学生需要明白，环保成败，人人有责。绿水青山，是大自然给我们的最佳馈赠，同时，也是我们对世界最真诚的回报。
心理健康教育	学生在英语学习活动中正确认识自我、接纳自我，能看到自己的成长和变化，知道自己的优点与不足，有兴趣爱好；学会照顾自己，积极参加预防疾病的活动；参加体育锻炼，爱护眼睛，遵守规则，有安全和自我保护意识；尊重生命，学会学习和生活，提高自主自助和自我教育能力，增强调控心理、应对挫折、适应环境的能力；学会合作，学会互助，与他人友好相处、互尊互爱、理解包容，形成健全的人格和良好的个性心理品质。	人教版八年级下册 Unit 4 Section B "Maybe You Should Learn to Relax!"：教师可以通过设置"成长指南"的主题情境，引导学生树立心理健康意识。在阅读本语篇的过程中，学生可以了解当今社会青少年普遍面临的压力，以及这种压力在不同国家的表现。在此基础上，学生应能梳理出这些压力的共同表现以及导致压力的原因，并尝试从不同的角度去对这些压力进行客观评价。最后，学生可以联系自己的实际情况，对世界范围内青少年普遍面临压力的现象进行批判性评价，树立正确面对竞争、面对压力的意识，增强身心健康。教师可以引导学生描述自己所面临的压力，并共同讨论应对这些压力的措施，帮助学生理解压力无处不在，我们需要学会积极调适自己的心理，调整自己的预期，积极寻求外界帮助，确保心理健康。

续表

德育范畴	内容阐释	示例
X 国际视野教育	通过阅读及收听不同的语篇，了解世界其他国家的文化，加强国际视野、国际理解和综合人文素养的积淀，提高跨文化意识，尊重、理解和欣赏不同的民族文化，了解并尊重世界文化的多样性，树立接纳多元文化的正确态度，学会与不同文化背景下的人们在相互理解的基础上和平共处、和谐发展。在共同生活、工作或解决问题的过程中，以平等、尊重的态度增进对他人及其历史、文化传统和精神价值的理解，进而加深对相互依存性的认识。为成为具有本国情怀、国际视野、全球胸怀并能够进行国际交流、合作和竞争的国际化人才奠定基础。 了解不同国家的文化，理解和尊重世界各国、各民族的文化传统；逐步形成家国情怀和国际视野。形成多元文化意识，以开放的心态、包容的态度面对世界范围内的种种不同，更好地适应世界多极化、经济全球化和社会信息化。 理解文化内涵，比较文化异同；汲取文化精华，逐步形成跨文化沟通与交流的意识和能力，学会客观、理性看待世界，树立国际视野，涵养家国情怀，坚定文化自信，形成正确的世界观、人生观和价值观，为终身学习、适应未来社会发展奠定基础。	北师大版高中必修第一册 Unit 3 "Memories of Christmas"：在阅读该语篇的过程中，教师可以引导学生去捕捉作者对圣诞节的描写、对节日气氛的渲染，梳理文中小女孩儿的情感脉络。同时，教师可以引导学生将该语篇与本单元的第一篇课文 "Spring Festival" 做对比分析，分析东西方在节日方面的异同，并逐渐理解：尽管东西方在节日的选取、节日的庆祝方式、有关节日的风俗习惯等各方面不尽相同，但是人们通过节日所表达的对美好生活的向往、对家庭团聚的珍惜，却是一样的。学生通过对比分析，可以意识到文化的多样性，要尊重多样文化。 教师还可以通过补充阅读，引导学生思考当今世界的一些热点冲突，引导学生从文化的角度思考问题，同时深刻理解：尽管文化不同，但是共同价值是存在的。不同民族，不同种族之间，最好的相处方式便是求同存异，互相尊重。

备注："5"为《中小学德育工作指南》中五个方面的德育内容，是各学科共同的德育范畴；"X"为体现学科本质的学科特色德育内容范畴。

第二节 学科德育实施建议

《普通高中英语课程标准（2017年版）》明确指出，"普通高中英语课程具有重要的育人功能，旨在发展学生的语言能力、文化意识、思维品质和学习能力等英语学科核心素养，落实立德树人根本任务"。英语课程内容的选取遵循培根铸魂、启智增慧的原则，紧密联系现实生活，体现时代特征，反映社会新发展、科技新成果，聚焦人与自我、人与社会和人与自然三大主题范畴，致力于帮助学生形成正确的世界观、人生观和价值观。学科育人是语言教育最本质的东西，英语学科的育人价值体现在学生英语学科核心素养的达成上。上一轮课改以来，在英语学习方面出现了一些可喜的势头；但是，当前我国中小学英语教学目标仍然未能突破"工具化"价值取向，没有真正关心英语教学过程中"人"的成长问题，即对英语教学的育人价值认识尚不清晰；在多数课堂里，以词汇和语法教学、技能训练为主导的现象仍然比较普遍，学科育人在英语课堂上的体现不足，表现为师生对语言所承载的文化知识及文化内涵的深度学习不足，教学呈碎片化、表层化、模式化和标签化特征。[1] 在教学实践中，我们也经常可以看到，教师在情感态度价值观方面的教育往往流于形式，很多课堂上存在贴标签的现象，教师在英语课上所进行的德育往往脱离情境和教学内容，无法真正实现德育的目标。实现英语学科的育人价值，教师应重点做好如下几个方面。

一、链接学科关键内容

（一）明确学科关键内容的育人价值

教师应该深切认识到，英语学科的关键内容指向学科育人。教师应深入研读课程标准，反思自己的教学，切实转变教育理念，思考学科育人对英语课程的指导意义，真正将学科育人落到实处。英语学科因其自身的人文属性，在学科育人方面具有先天的优势。我们的英语课程囊括了学生生活中可能接触的诸多话题，蕴含丰富的德育元素，为英语学科实现育人目标提供了完备的基础。教师要跳出以知识讲授、技能训练为主的课堂模式，做以学科育人为本的教师。

有了学科育人的意识，教师还应思考自己要培养什么样的人。中国著名教育家叶澜指出，基础教育的使命可以概括为"三底"：一是"底线"，懂得且遵循做人、做事必须有的底线。二是"底色"，童年、青少年期的生命底色应是阳光、自信、热爱生活，对未来抱有希望，不畏成长中的艰难。学校教育有责任给孩子的生命打上明亮温暖的底色。三是"底蕴"，让青少年走出只能依靠直接经验认识世界的时空思维局限，获得走进文化世界的工具，学会借助文化知识不断学习、探索、创造未来世界的能力。[2] 教师在设计教学时，应将自己的课时设计放到这样的背景下进行思考，明确每节课为实现培养人的目标应做出的贡献。

总之，教师要适时更新自己的教育理念，只有更新了自己的教育理念，真正将学科育人作为教育的首要使命，教师才有可能真正开启德育之门。

---

[1] 王蔷.《普通高中英语课程标准（2017年版）》六大变化之解析 [J]. 中国外语教育，2018, 11（2）：11-19+84.

[2] 叶澜. 深化基础教育改革三题 [N]. 人民日报，2016-5-3（7）.

（二）深度研读语篇，建构主题意义，使德育要素外显

教师要以语篇研读为逻辑起点开展有效教学设计。充分认识语篇在传递文化意涵，引领价值取向，促进思维发展，服务语言学习、意义理解与表达等方面的重要作用。深度研读语篇，了解语篇所承载的主题意义，并在学科活动中逐步建构主题意义，是英语学科进行学科德育的必经之路。与有些学科不同，英语学科的德育要素是内嵌在语篇之中的，也就是说，英语学科的语篇本身，蕴含丰富的德育要素。但是有些德育要素并不直接呈现，需要教师与学生共同发现。教师应该带领学生深度解读语篇，在与语篇的互动过程中一步步建构主题意义。在确立并建构主题意义的过程中，发掘英语学科的德育价值。

在开展语篇研读时，教师要对语篇的主题、内容、文体结构、语言特点、作者观点等进行分析；明确主题意义，提炼语篇中的结构化知识，建立文体特征、语言特点等与主题意义的关联，多层次、多角度分析语篇传递的意义，挖掘文化内涵和育人价值，实现学科德育的目标。

中学阶段的英语课程通常以单元为单位，每个单元承载不同的主题。因此，教师可以通过单元整体设计，建构、完善主题意义，实现学科德育。

以北师大版高中必修教材第一册 Unit 2 Sports and Fitness 为例。该单元属于人与社会主题语境下"文学、艺术与体育"主题群。把单元内容整合到一起，可以发现这个单元的主题意义所在：

1. 什么是体育？我们应如何进行体育活动

从本单元的内容可以看出：体育，从本质上来说，是能够激发我们自身潜能的一种活动。体育活动的形式有多种，跑步、打球、游泳，不一而足。当然，依据运动目的的不同，体育活动又可分为竞技体育和全民体育。但无论参加哪种体育运动，首要的都是要学会保护自己，健康运动。树立健康运动、科学运动的意识，对于每个人来说都至关重要。

2. 体育的价值和意义是什么

纵观整个单元，几乎每个语篇都涉及相关因素。第一课中提到的坚强自信、执着努力；第二课中提到的遵守规则、体育运动带给人的情绪价值；第三课中提到的体育对人身体及情绪的双重价值；Viewing Workshop 中提到的体育与健康的关系。我们可以总结出体育的几大价值和意义：一是使我们的身体保持健康状态；二是帮助我们释放情绪；三是让我们更为执着、坚韧、自信。

3. 什么是体育精神？为什么要提倡体育精神

本单元有多个语篇指向体育精神，如第二课中主人公 Paul 在逆袭过程中所体现出来

的坚忍不拔、执着努力；Writing Workshop 中体现出来的人格魅力，选手没有拿到金牌，却赢得了全世界的尊重。在这一刻，人们真正理解了体育精神，而这种体育精神又与人性融合在一起，在暗夜中闪闪发光。

4. 我们对体育应该持什么样的态度？我们对待生活又该是什么样的态度

这是学生在学完整个单元后需要思考的问题。在对本单元的所有语篇进行深度学习后，学生需要联系自身实际，思考如何选择合适的方式，在保护好自己的前提下进行科学运动；同时反思体育精神对自己的作用，努力去发现并改进自身的问题，成为一个意志坚强、行为坚定的人。

需要指出的是，本单元的所有语篇均服务于上述意义的表达，但是每个语篇的侧重点不同。教师在进行本单元教学时，需要根据语篇的内容，提取其为表达单元主题意义所承担的元素，最终整合所有语篇，共同完成单元主题意义的构建。

（三）依据语篇设计育人目标，从语篇出发，回归到语篇

德育目标是教学目标的重要一环。在调研中发现，多数教师有设计德育目标的意识，但是德育目标的设置往往脱离课堂内容，人为拔高，导致与教师所讲内容脱节，无法在学生心中产生共鸣，也就无法实现学科德育的目标。

因此，教师在设定德育目标时，切忌假大空，不要人为将语篇内容拔高。不要贴情感态度价值观标签。应具体分析本节课的语篇内容，确定语篇所指向的育人目标，确定学生的核心素养在这节课上会得到哪些发展。

如人教版八年级上册 Unit 3 的阅读部分讲的是不同人的交友标准，文章选择了三个代表不同择友标准的语篇。通过调研发现，教师在讲述该语篇时，会将德育目标制定为"know how to choose a friend"，还有的教师甚至会在课堂上给学生打出类似"A friend in need is a friend indeed"的谚语。但是，经过仔细研读该语篇，教师应该发现，这篇文章讲述的是不同人的择友标准，教师可以在带领学生梳理完语篇信息后，再引导学生分析语篇中的主人公适合某类朋友的原因，比较他们对友情的理解及择友标准的异同，从而了解到人的多样性，并进一步明白，在不伤害他人的前提下，大家只是在个性上存在不同，并无好坏之分，每种个性都是值得尊重的。

二、创设情境

《义务教育英语课程标准（2022 年版）》指出，英语学科"秉持在体验中学习、在实践中运用、在迁移中创新的学习理念，倡导学生围绕真实情境和真实问题，激活已知，参与到指向主题意义探究的学习理解、应用实践和迁移创新等一系列相互关联、循环递

进的语言学习和运用活动中。坚持学思结合，引导学生在学习理解类活动中获取、梳理语言和文化知识，建立知识间的关联；坚持学用结合，引导学生在应用实践类活动中内化所学语言和文化知识，加深理解并初步应用；坚持学创结合，引导学生在迁移创新类活动中联系个人实际，运用所学解决现实生活中的问题，形成正确的态度和价值判断"。

教师应创设情境，将学习内容与学生的生活实际关联起来。学生无法将在英语课堂上学到的知识迁移到实际应用中来，是我们的英语教学广为诟病的一点。出现这种现象的一个重要原因，是我们的教学往往设定在课堂情境下，学生的学习往往以通过测试为首要目标，无法与现实的情境建立连接。而有效的情境能够在学习与生活之间建立起有效连接，将学习内容和真实生活关联起来，能造成认知冲突，挑战学生的认识角度，帮助学生实现知识、能力的内化和迁移。[1]

教师在进行情境创设时，要充分考虑学生的年龄特点和心智特点，创设学生熟悉、可参与或可感受的真实情境，引导学生在生活中学习，在学习中思考，在思考中进行价值判断，树立正确的价值观念。好的情境可以迅速将学生带入学习中去，并使学生自然而然地运用语言做事，实现润物无声的效果。

如人教版七年级下册 Unit 9 的听说部分涉及对人物外貌的描述及识别，有教师（北京市育英学校栗方薇）在讲授这部分内容时，进行了这样的情境创设：教师在导入部分即告诉学生，今天我们要玩一个游戏，游戏名为 People Hunting Game，我们要根据特定的要求，找出一些符合这个要求的人。在根据语篇听力内容进行找人之后，教师接着让学生在本班范围内进行找人游戏，孩子们在这个过程中积极投入，他们不仅要思考自己所选中目标的特点，还要考虑如何表述这些特点，这个游戏同时也给孩子们提供了一个更加熟悉彼此的机会；在本班范围内进行了找人之后，教师接着抛出下一个环节：让我们利用自己的知识来找人，帮助警察破案吧！教师给出了一个短视频，视频中有一个貌美的小偷，然后教师让学生进行角色扮演，向警察描述该小偷的外貌，帮助警察侦破案件。在完成这个环节后，教师向学生提问：Do you want to be friends with her? 学生很自然地意识到，虽然这个人很好看，能给人带来感官上的享受，但是她的行为不道德，不能跟这样的人做朋友。接着教师给出两个外貌差异很大，道德水准差距也很大的名人的图片，问学生更喜欢哪个。学生毫无例外都选择了道德水准高的那个。通过这样的情境创设，教师不仅带领学生完成了单元知识的学习，还引导学生树立了正确的交友观、是非观以及审美观，实现了德育的浸润。

---

[1] 罗滨. 学科德育：教书与育人的统一 [J]. 北京教育（普教版），2018（10）：18-19.

三、创设挑战性任务

（一）创设挑战性任务，让学生在完成任务的过程中发展思维、形成价值观

通过调研发现，教师在创设学习任务的环节上尚存在一些问题，具体表现在两个方面：①教师缺乏任务创设的意识，课堂活动多以练习的形式展开，过多关注学生应试技巧的提升，缺乏对学生能力养成的关注。长此以往，学生对英语课堂失去期待。②有的教师所创设的任务，较多地围绕学生信息提取的能力展开，缺乏挑战性，导致了学生兴趣的缺乏；也有部分教师，在教学中设计了对学生挑战太大的任务，使得学生失去了完成任务的动力。

教学任务的挑战性需要恰到好处，遵循"最近发展区原则"，既要保证在学生已有的能力基础之上，也要保证学生经过挑战，能够完成该任务。只有这样的挑战性任务，才能够激发学生的学习动机和兴趣，真正发展学生的学科核心素养。教师的任务在于要将知识学习置于具体情境之中，在情境中引发学生认知冲突，产生问题，形成具有挑战性的学习任务。教师引领学生在真实的情境中持续深入地参与学习活动，在具体的学习活动中，主动建构学科核心观念，引领学生精神成长，体现学科育人价值。

挑战性学习任务设计改变传统知识讲授的学习方式，把陈述性的知识转化为可讨论、可探究的研究问题，突出矛盾性、思辨性、问题解决方法多样性等特点，让学生经历自主学习、合作学习，注重学生实践体验。教师通过创设真实情境、提出关键问题、设计学习支架、提供资源支持等促进学生主动学习，通过关注学习任务内容、任务完成过程和教育者作用三个要素，实现学习任务的德育价值。[1]

如北京一零一中学花蕾老师在讲授人教版八年级下册 Unit 7 Section A 的阅读部分"Qomolangma—the Most Dangerous Mountain in the World?"的时候，创设了这样的情境。首先，教师抛出一个问题：Do you think you will go and climb Qomolangma one day? 几乎所有的学生都回答 No。教师追问原因，学生纷纷回答攀登珠峰太困难，挑战太大，属于不可能完成的任务，诸如此类。然后教师给出一个跟学生同龄的美国少年的案例：虽然只有13岁，但是他已经成功登顶珠峰。在学生感到震撼、产生认知冲突的时候，教师向学生提问：What challenges do you think that he might have faced while climbing Qomolangma? What did it take for him to succeed in climbing Qomolangma? What can we learn from him? 教师通过这样几个问题，不着痕迹地引导学生回顾了语篇信息，利用语篇信息推理出了问题答案，并且联系自身，实现了对孩子的道德教育。最后孩子们纷纷回答，应该学习他的勇敢，学习他

---

[1] 申军红.基于人本位的学科德育内涵与实施策略[J].基础教育课程，2019（5）：46-49.

的执着，学习他不轻易放弃的品质。甚至有孩子提到，在看了这个故事后，自己依然不会去攀登珠峰，但是会全力以赴追逐自己的梦想。

（二）优化课堂问题设计，启发评判性思维，完善育人主体心智模式

思维品质作为英语学科核心素养四大目标之一，是实现英语学科教育由知识学习向素质培养转变的重要抓手。《普通高中英语课程标准（2017 年版）》明确指出，高中英语课程应在进一步发展学生语言运用能力的基础上，"着重提高学生用英语获取信息和处理信息、分析问题和解决问题的能力，注重提高学生的思维能力和用英语表达的水平"。课堂教学中最重要也最基本的环节便是提问，教师通过提问既可以帮助学生理解语篇内容，又可以检测学习效果。在阅读课中，教师通过一系列的问题，引导学生开展较高层次的思维活动，是培养学生评判性等较高阶思维能力的重要依托，更是提升思想认识、实现学科育人的重要途径。

根据布鲁姆的认知目标分类法，阅读教学中的问题大致可分为展示型、参阅型和评估型三类。这三类问题对语篇的依赖程度依次递减，但认知水平和思维能力依次递增。在设问时，应减少学生能用文章原句作答的问题数量，增加开放类问题设计比重，帮助学生完成对语篇信息的适度整理和概括，提高思维含量。如北师大版高中必修第三册 Unit 9 "Roots and Shoots"，在阅读语篇后教师可以提问：

Q1: What environmental problems are mentioned in the article? (problem)

Q2: What is the importance of Roots and Shoots? (solution)

Q3: What does "roots" refer to? What does "shoots" refer to? What do they symbolize?

Q4: What do you think of this action? Would you like to call on more people to join in?

这四个问题中，问题 1 为展示型，问题 2 和问题 3 为参阅型，问题 4 为评估型。在思维活动层次逐渐提升的同时，也帮助学生思考课本的观点，反思自己的行为。在此过程中，学生不仅学到了文章结构为"提出问题—解析问题—解决问题"，完成语篇解读，也明白了在现实生活中也要尽一己之力，成为"解决问题"环节的重要一员。通过个体行动改变环境、改变世界的事例，引导学生在批判性思考后，得出"保护环境人人有责""毋以善小而不为"的结论，从而外显学科育人的本质。

（三）拓展资源，优化教学活动、英语学习活动观

教育要在合适的教学活动中进行，教学活动是实施学科德育的载体，设计良好的教学活动是实施学科德育的重要手段。教学资源是教学活动的重要元素。所以，教学情境的创设需要有效教学资源的支撑，利用生活事例，创设问题情境，是开展教学活动的重点。教

学活动是落实教学目标的路径和手段，教师应在活动中引发学生的思考，从而实现学生能力和品格的发展。

对于英语学科来说，由于有些语篇选材具有较强的时效性，教师在进行这些单元的教学时应注意补充新的素材，借以丰富和完善主题意义，更好地实现学科育人。如在讲到环境保护时，学生可以依据自己的关注点，通过互联网等进行搜索、研究，发现自己感兴趣的环保话题，然后针对该话题进行拓展补充，并对同学们进行科普。这样既可以帮助学生深度了解环保现状，又可以助力学生形成环保意识，并有助于其转化为具体行动。

四、进行持续性评价

教师应切实转变评价理念，从 assessment of/for learning 变为 assessment as learning，在日常的英语教学中，将学生的学习与评价有机融合，真正实现教、学、评的一体化。

教师可以将教学活动作为评价方式，在教学活动中内嵌学科育人价值，以活动的成效来检验学生的学习效果。如花蕾老师的"Qomolangma—the Most Dangerous Mountain in the World?"一课中，最后的环节为让学生想象攀登珠峰的少年所经历的艰难，进而归纳其具备的优秀品质，并反思其对我们的现实意义。这个活动考查了学生对语篇信息的内化——艰难、优秀品质都在语篇中有所涉及，学生在完成该活动时势必会动用自己对语篇的记忆、理解，并在此基础上进行新的生成。这样就检验了学生之前环节的学习效果，将教、学、评有机地融合到了一起；而学生在这个活动中，通过想象少年登山者遇到的艰难，势必会引发自己对其优秀品质的敬佩，进而反思自身存在的不足，这样就实现了很好的德育效果。这种效果，要比单纯的说教来得更为直观、深刻，也更容易内化为学生的素养。

实施评价，还要充分发挥学生的主体地位。在课堂活动中，可以让学生通过观察同学的表现，对这些同学给出质性评价；也可以让小组内同学进行互相评价，小组同学在一起活动的时间相对较长，彼此更容易给出真实的评价。无论哪种评价方式，教师都可以带领学生一起制定活动评价表，确定要评价的要素，根据活动及活动目标的不同，评价要素也会有很大变化。就学科德育而言，需要重点关注的元素可以有这些：语言的精炼、自信的表达、对主题意义的挖掘等。教师可以带领学生在每个维度设定评价量规，借由评价的反拨作用来实现学生综合能力的提升。

第三节　学科德育典型课例

基本信息

教师姓名	栗方薇	学　　校	北京市育英学校
教学年级	七年级	教科书版本及章节	人教版《英语》七年级下册 Unit 9 What does he look like?

二、单元教学设计

单元学习主题　　What does he look like?

（一）单元教学设计说明

本单元所讨论的话题是人物的外貌，涉及人的身高、体重、发型、面部特征及着装等语言项目；阅读部分介绍了一种职业——刑侦画像师，将职业与外貌结合起来，启发学生的深度思考。就学科德育价值而言，本单元听说课主要训练学生识别人物外貌，积累询问及描述人物外貌的表达方式；而在教学过程中，通过情境创设，让学生在貌美的小偷和其貌不扬的张玉滚中择友，意在引导学生做出正确的价值判断——外在美只能愉悦眼睛，内在美才是真正值得我们赞美、追求的东西；阅读课通过对刑侦画像师这一职业的不同看法，引导学生对刑侦画像师进行综合而客观的评价，同时引导学生思考每一种职业的操守，并在这个基础上进行推理判断，引导学生思考自己理想的职业，以及从事这种职业所应具备的品质，然后再通过作业等形式引导学生思考：自己还需要做哪些努力，才能成为理想中的自己。纵观整个单元，听说部分引导学生初步形成共识——内在美远胜外在美；而阅读部分进一步剖析了内在美。

1. **通过活动设计，发展学生英语学科能力**

《义务教育英语课程标准（2022年版）》指出，义务教育英语课程倡导指向学科核心素养的英语学习活动观和自主学习、合作学习、探究学习等学习方式。教师应设计具有综合性、关联性和实践性特点的英语学习活动，使学生通过学习理解、应用实践、迁移创新等一系列融语言、文化、思维为一体的活动，获取、阐释和评判语篇意义，表达个人观点、意图和情感态度，分析中外文化异同，发展多元思维和批判性思维，提高英语学习能力和运用能力。

本单元的听说课活动设计为"People Hunting Game"（找人游戏），将语言知识点贯穿其中，让学生利用目标语言，根据不同的情境找不同的人，引导学生综合运用英语知识和技能开展交际、解决问题；阅读课引导学生在分析文章、整合已有知识和信息的基础上，协助警察抓住罪犯。这些都训练了学生面对新的情境、探究解决语言交际中的陌生问题，以及在英语学习活动过程中的创造能力。

2. 创设情境，践行英语学习活动观

《义务教育英语课程标准（2022年版）》指出，英语学习活动的设计应注意以下几个问题：①情境创设要尽量真实，注意与学生已有的知识和经验建立紧密联系，力求直接、简洁、有效；②教师要善于利用多种工具和手段，如思维导图或信息结构图，引导学生通过自主与合作相结合的方式，完成对信息的获取与梳理、概括与整合、内化与运用。教会学生在零散的信息和新旧知识之间建立关联，归纳和提炼基于主题的新知识结构；③教师要善于提出从理解到应用、从分析到评价等有层次的问题，引导学生的思维由低阶向高阶稳步发展；同时，教师要启发学生积极参与针对语篇内容和形式的讨论和反思，鼓励学生围绕有争议的话题有理有据地表达个人的情感与观点；④在情境创设中，教师要考虑地点、场合、交际对象、人物关系和交际目的等，提示学生有意识地根据语境，选择恰当的语言形式，确保交际得体有效；⑤教师要根据所学主题内容、学习目标和学生经验等，选择和组织不同层次的英语学习活动。

本单元听说课的主题活动设置为"People Hunting Game"（找人游戏），课程设计遵循从理解到应用、从分析到评价的原则，引导学生的思维由低阶向高阶稳步发展；同时，教学设计也启发学生积极参与针对语篇内容和形式的讨论和反思，鼓励学生围绕有争议的话题有理有据地表达个人的情感与观点，比如，是选择与貌美的小偷做朋友，还是选择与其貌不扬的张玉滚做朋友，让学生做出判断。

3. 重视现代信息技术应用，丰富英语课程学习资源

《义务教育英语课程标准（2022年版）》指出，现代信息技术不仅为英语教学提供了多模态的手段、平台和空间，还提供了丰富的资源和跨时空的语言学习机会和使用机会，促进了英语教学理念、教学方式与学习方式的变革。根据信息化环境下英语学习的特点，本单元重视营造信息化教学环境，充分发挥现代教育技术对教与学的支持与服务功能，选择了人教社数字技术和多媒体手段，促进了学生的有效学习和英语学科核心素养的形成与发展。

（二）单元学习目标与重难点

1. 学习目标

（1）熟练运用有关描述人物外貌的词汇、特殊疑问句以及含有 do/be/have 的句型询问

和描述人的外貌。

（2）通过阅读与外貌相关的职业的文章，提取并梳理信息，阐述某职业的特点及从事该职业的人员的特质。

（3）客观评价人物外貌，树立健康的审美意识。

2. 学习重点

（1）熟练运用有关描述人物外貌的词汇、特殊疑问句以及含有 do/be/has 的句型询问和描述人的外貌。

（2）通过阅读与外貌相关的职业的文章，提取并梳理信息，阐述某职业的特点及从事该职业的人员的特质。

3. 学习难点

能够运用 do 或 be 引导的选择疑问句来询问人的外貌；能够准确使用 He/She has/is... 句型来描述人的外貌。

（三）单元整体教学思路（见图 8-1）

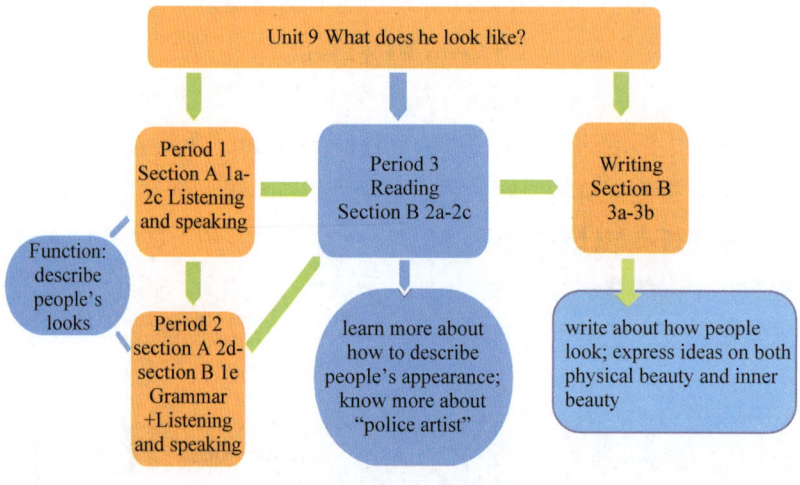

图 8-1　单元教学结构

二、课时教学设计

课题	Unit 9 What does he look like? 听说课		
课型	新授课 ✓	章 / 单元复习课 ☐	专题复习课 ☐
	习题 / 试卷讲评课 ☐	学科实践活动课 ☐	其他 ☐

第八章　中学英语学科

（一）教学内容分析

Section A 的主题图呈现了询问和简单描述人物外貌的典型句型和重点词汇；2a-2c 的听力活动提供了更为丰富的语境，让学生学会区分描述人物外貌的两个不同的句型，同时在听力和口语中增加了选择疑问句的输入和训练。

（二）学科核心素养培养

本节课注重提取信息、利用信息、印证信息，让学生积累语言知识、提高语言表达准确性。让学生在貌美的小偷和其貌不扬的张玉滚中择友，意在引导学生做出正确的价值判断，提升自我道德修养。本班学生普遍喜欢与小组成员合作完成任务。因此，本单元的教学设计多采用两人对话和小组合作的方式进行，以期实现学习效果的最大化。

本节课的教学设计与实践是基于指向学科核心素养的英语学习活动观展开，情境创设真实有效，大的情境和主题活动是"People Hunting Game"（找人游戏），要求学生根据不同情境寻找不同的人。教师引导学生在帮助 Amy 找朋友的情境中学习目标语言，在找班级同学的过程中练习目标语言，在帮助店主和警察找小偷的过程中锻炼迁移实践能力。同时，本节课也注重对现代信息技术的应用，既保证了学习资源的丰富性，又提升了学生学习兴趣。

（三）学习者分析

本班学生整体英语基础较好，此前已经接触过描述人物外貌的相关词汇，在 New Headway 中也学过 medium 这个词，但对 of medium height/build 这样的表述不熟悉。学生习惯用 fat 这个词来描述他人外貌，极少用 heavy 这个较得体的词。另外，学生在之前的学习中已经掌握了含有 be 动词的一般疑问句和含有 do/does 的一般疑问句，但两类一般疑问句容易混淆，且 do/does 这类疑问句更易出错。

本班学生踏实认真，部分同学的表达欲望及表达能力较强；同时，他们也普遍喜欢与小组成员合作完成任务。因此，本节课的课堂活动以小组合作的方式进行，以期实现学习效果的最大化。

学生思维特点以直观、形象思维为主，在理解抽象概念时有一定困难。因此本节课较多使用图片和视频等直观性强的辅助材料，帮助学生较好地理解概念，构建意义。

（四）学习目标

（1）使用特殊疑问句和助动词 do 和 be 动词引导的两类选择疑问句询问人的外貌；使用 He/She is... 和 He/She has... 的句型来描述人的外貌。

（2）能够依据所听信息选择语篇所描述的人物并陈述理由。

（3）能够运用所学语言，来辨别人物外貌或对外貌做出描述。

（4）能够根据事实分析人物的精神品质，解释内在美远胜外表美这一观点。

（五）学习重难点

1. 学习重点

（1）能够掌握有关描述外貌的词汇，并用 He/She is... 和 He/She has... 这两种句型来描述人的外貌。

（2）能够使用特殊疑问句以及助动词 do 和 be 动词引导的两类选择疑问句询问人的外貌，能够使用 He/She is... 和 He/She has... 的句型来进行简单回答。

2. 学习难点

（1）能够准确运用 do 和 be 引导的选择疑问句来询问人的外貌。

（2）能够准确使用 He/She has/is... 的句型来描述人的外貌。

（六）学习评价设计

（1）教师在活动中进行观察、评价、反馈；同伴在活动中互评、反馈；

（2）学生能否依据所听信息对所要选择的人物做出判断并陈述理由；

（3）学生能否根据事实挖掘人物的精神品质，并表达内在美远胜外在美这一观点。

（七）学习活动设计

教师活动	学生活动
Step 1: Lead in　①　Introduces the game "People Hunting".　②　Asks students the question: *If we want to find somebody, what do we need to know?*　③　Writes down students' answers.　④　Asks students to find what the people at the subway look like and match the words with the pictures.	①　Answer what they need to know to find someone they don't know.　②　Learn the new words with the help of the pictures.　③　Match the words with the pictures.
活动意图：创设情境，激活已知，补充未知，激发动机。	
Step 2: Hunt for Amy's friend　①　Introduces the task: *Help Amy find her friend.*　②　Asks students the question: *Why do you think this is the right person?*	①　Listen and find Amy's friend.　②　Explain why they think so.
活动意图：初步输入，感知语言。	

第八章　中学英语学科

教师活动	学生活动
Step 3: Hunt for Amy's brother & friends	
Presents the task and asks questions: ① *Help Amy find her brother and friends.* ② *Why do you think they are the right people?* ③ *How do you describe a person's appearance?* ④ *How do you ask about a person's appearance?*	① Listen and find Amy's brother &friends. ② Explain why they think so. ③ Summarize the ways to describe a person's appearance. ④ Summarize ways to ask about a person's appearance.
活动意图：再次输入，作好铺垫，寻求理据，发展思维。	
Step 4: Hunt for a classmate	
① Introduces the rules. ② One student comes to the front and chooses one classmate's name card. Other students make guesses about the classmate's appearance.	Ask and answer questions regarding one's appearance.
活动意图：熟悉语言，初步运用，强化重点，关注难点。	
Step 5: Hunt for the thief	
① Presents the background: *The witnesses see the thief shoplifing, and they are going to help the policemen find the thief.* Divides students into policemen and witnesses in groups. ② Introduces the requirements: *Before watching the video, teacher asks the witnesses what they need to pay attention to while watching.* *After watching, teacher asks the policemen what questions they can ask.* ③ Assists the students throughout the process.	① Only the witnesses can watch the video. While watching, the witnesses should pay attention to the appearance of the thief. ② The policemen think over the questions they need to ask. ③ Work in groups to finish the task assigned to their group. ④ Present.
活动意图：创设情境，综合运用，发展能力。	
Step 6: Hunt for a friend	
① Asks questions about Zhang Yugun. *What do you know about him?* *What kind of person is he? Why?*	① Try to know more about Zhang Yugun. ② Hunt for their friend.

教师活动

② Introduces the task: *Hunt for your friend.*
③ Asks a question: *Why do you want him/her to be your friend?*
④ Makes the conclusion.

学生活动

③ Explain why they think so.
④ Make the conclusion.

活动意图：德育渗透，情感升华。

（八）板书设计（见图 8-2）

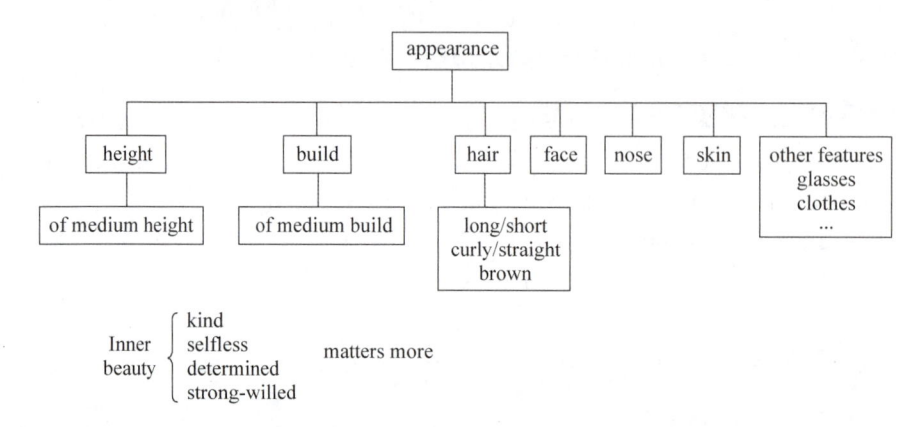

```
                          appearance
    ┌──────┬──────────┬──────┬──────┬──────┬──────────┐
  height   build      hair   face   nose   skin   other features
                                                     glasses
                                                     clothes
                                                      ...
of medium  of medium  long/short
  height    build     curly/straight
                      brown
```

Inner beauty { kind / selfless / determined / strong-willed }   matters more

1. —What does David look like?
   —He's really tall. He has curly hair.
2. —Is your friend Peter tall or of medium build?
3. —Does Sally have long or short hair?
   —She has long straight hair. She's of medium height. She is slim.

图 8-2　板书设计

（九）特色学习资源分析、技术手段应用说明

（1）图片和视频的使用，帮助学生更直观地理解抽象概念和事实，符合学生的思维发展特点。

（2）教材材料的整合使用，有利于创设更为真实的情境，培养孩子在情境中使用语言的能力。

（十）作业与拓展学习设计

本单元作业围绕"What does he look like?"这一主题和学习目标展开。第一课时以大活动"People Hunting Game"贯穿始终，作业则设置为总结询问人物外貌的句型，以及描述人物外貌的词汇和句型。

（1）Summarize the sentence patterns to ask and answer about people's appearance.

（2）Summarize the words to describe people's looks.

（十一）教学反思与改进

（1）本节课有效践行了英语学习活动观，创设了情境，将主题活动设置为"找人游戏"，既调动了学生学习兴趣，又将学习内容与学生的生活实际关联起来。同时，利用活动作为评价，真实地检测了学生在实际生活中运用英语的能力，比之前烦琐的表格评价更为简单实用。

（2）本节课注重提取信息、利用信息、印证信息。反复巩固练习语言知识点，效果较好。

（3）学生对重难点句型"Does...have...?"的掌握仍然不够理想，需要注重对重难点句型的再次强化。

教研员点评

这节课围绕人物外貌这个话题，创设情境，设计活动，引导学生在熟悉、理解并运用语言知识的同时，发展思维，实现了学科育人。本节课有如下几个鲜明的特点。

1. 注重真实的情境创设，寓教于乐

教师充分考虑到初一学生的特点，采用了情境下的游戏教学这一方式。教师在导入环节即创设了"People Hunting"的游戏，以此为开端，引导学生去思考寻人时需要了解的信息，激活了学生已有知识、激发了学生的求知欲望。此后，通过引导学生寻找不同的人物，不断给学生的语言能力提出新的挑战，帮助学生在游戏中学习、使用并内化目标语言。在目标语言操练充足后，教师又给出寻找小偷的任务，并通过比较貌美的小偷与其貌不扬的张玉滚，得出内在美远胜外在美这一结论，实现了本节课的育人目标。

2. 创设挑战性任务，完成学生的思维培养

教师在内化语言的过程中，一直强调语言和思维难度的递增。最初的环节，教师引导学生通过录音寻找主题图上的相关人物，录音文本相对简单，信息匹配从思维层级上来说属于较低层次；之后引导学生在课本之外的情境中使用目标语言，这是知识的运用；教师通过引导学生回顾信息，阐明自己定位人物的原因，培养了学生简单推理论证的能力；最终教师引导学生在小偷和张玉滚之间进行选择并说明理由，则达到了批判评价的层级。

3. 注重资源的拓展利用，提升课堂效果

教师能够恰当运用技术手段，完全依据教学进度使用信息资源，实现了真正意义上的技术与教学的融合，保证了情境的真实性和有效性。有关小偷的视频能够迅速将学生带入到情境中去，而张玉滚的出现又在学生头脑中创造了强大的信息差。循着这样的信息差继续探究，本节课的德育价值就自然浮出水面了。

4. 注意多元评价手段，实现了评价无痕

本节课教师一直在用活动评价学生的学习效果，如回答自己为 Amy 选出某朋友的原因，猜测班上某个同学，描述小偷和张玉滚的外貌，教师在这个过程中及时收集学生的课堂表现数据，并适时进行纠正。同时，两人活动、小组活动过程中，同伴之间的评价同样大量存在，整节课完全体现了学生自己作为评价主体的作用。

总之，本节课的学习是通过信息技术创设情境，使学生在接近真实的情境下使用语言实现的。这节课践行了学思结合、用创为本的英语学习活动观，实现了新课标理念下"用英语做事情"的原则。同时，教师通过情境创设、资源使用等手段，为教学内容赋予了丰富的德育价值，并引导学生在解决问题的过程中，形成正确的态度和价值判断。

评课人：栗瑞莲　北京市海淀区教师进修学校

第九章 中学物理学科

第一节 学科德育范畴

根据《中小学德育工作指南》中五个方面的德育内容，确定各学科共同的德育范畴。根据中学物理学科本质，形成学科特色的德育内容，以"X"形式进行呈现。"X"的内容主要包括科学本质教育、科学态度教育和社会责任教育三部分。帮助学生从物理学的视角认识自然、解决相关实际问题，初步形成科学的自然观；引导学生经历科学探究过程，学习科学研究方法，养成科学思维习惯；引领学生认识科学、技术、社会、环境之间的关系，形成科学态度和正确价值观，增强社会责任感、民族自豪感；为培养德智体美劳全面发展的社会主义建设者和接班人奠定基础。详见表9-1。

表 9-1 中学物理学科德育范畴

	德育范畴	内容阐释	示 例
5	理想信念教育	结合我国近代的科技成果，逐步培养学生对党的政治认同、情感认同和价值认同。了解改革开放以来的科学技术发展历程和改革开放的伟大成就，树立共产主义远大理想和为中华民族伟大复兴、为中国梦而奋斗的远大理想。	北师大版八年级下册"飞机为什么能上天"：通过漏斗和乒乓球自制喷雾器实验和模拟小船实验，探究流体压强与流速关系，培养观察能力、分析归纳能力，感悟转换法的巧妙；通过吹风机和机翼模型实验，认识飞机的升力；通过观看我国大飞机C919视频，了解我国改革开放以来在飞机和新材料等方面的科技成就，树立民族自豪感和责任心，以及为中国梦而奋斗的远大理想。
	社会主义核心价值观教育	通过物理知识与工业、科技和军事等方面的学习与应用，理解合作与竞争的辩证关系，树立规则意识、安全意识和团队意识。通过科学探究养成良好的学习习惯和行为习惯，乐于合作交流，增强自由民主的观念。	北师大版八年级下册"液体内部的压强"：通过底部覆有橡皮膜的矿泉水瓶实验知道液体内部有压强；利用U型管压强计测量液体内部压强，总结液体内部压强的特点，培养数据分析和归纳能力，养成良好的合作学习习惯和友善态度，树立团队意识和合作精神；通过观看蛟龙号视频，了解我国在深海探测方面取得的成就，培养爱国主义精神。

续表

德育范畴		内容阐释	示 例
5	中华优秀传统文化教育	在物理学习活动中，适当融入中华文化内容。认识中华文明在科学发展中的历史价值和现实意义，正确处理个人与他人、个人与社会的关系；传承中华优秀传统文化，增强文化认同感，增强国家认同，形成爱国情感。	北师大版八年级上册"光的传播"：通过利用激光灯探究光在空气、茶水、果冻等物体中的传播路径，总结光沿直线传播的条件；通过观察和归纳光沿直线传播的条件，培养对比、观察、分析和归纳等能力；通过观看皮影戏表演，理解光的直线传播原理，激发学习物理的兴趣，为中国古人的智慧而自豪，增强文化认同感；通过阐释"小孔成像""日食和月食"等古代经典故事，传承中华优秀传统文化，增强爱国情感。
	生态文明教育	通过物理与生活、社会的联系，树立保护自然的发展理念，追求人与自然的和谐发展。提高价值判断力，对低碳生活、节约能源等有正确的价值判断，养成健康文明的生活方式。	北师大版八年级全一册"燃料 能源与环保"：通过图片展示、小组讨论区分一次能源与二次能源；通过阅读能源发展材料，小组讨论交流，了解我国能源的发展现状，认识新能源；通过观看能源开发与利用的视频材料，懂得合理开发与利用煤炭、石油、天然气的重要性，提高对节约能源的正确价值判断，树立能源危机意识，养成低碳生活、节约能源的生活习惯。
	心理健康教育	通过科学实践活动，开展尊重生命、学会学习等方面的教育，培养学生积极的心态和健康的个性品质，培养豁达乐观的人生态度和面对问题的解决能力。	北师大版九年级全一册"家庭电路"：通过自制模拟家庭电路，认识插座、开关、保险丝、灯座等元件的接法及使用，并全面认识家庭电路的组成；通过演示实验，认识家庭电路过大的原因；通过观看生活中的电火灾视频，懂得尊重生命，增强安全意识；通过分组讨论，自查家庭电路存在的安全隐患，树立规则意识，养成良好的行为习惯。
X	科学本质教育	结合物理学史进行辩证唯物主义世界观、方法论的教育，让学生形成对科学知识以外的科学方法、科学精神、科学价值、科学限度等内容的全面的、哲学性基础认识。	北师大版八年级上册"物态变化 温度"：通过观察我国古代冰瓶，了解测温的需求；通过重演温度计发明的过程，探寻温度计原理，学习相关知识；经历温度计发明创造的过程，培养对比、观察、归纳、分析等能力，感悟转换和放大法的巧妙；在完善自制温度计的过程中，体验战胜困难、用科学技术解决问题的快乐与自豪。
	科学态度教育	通过科学探究及课外实践活动，培养实事求是的科学态度，了解规则和道德要求背后的价值准则，学会理性辩证地看问题，形成大胆想象、尊重证据、敢于创新的科学态度，养成科学行为和良好习惯，如富有好奇心、追求创新、实事求是、合作分享等。	人教版高中必修第二册"行星的运动"：通过视频播放和动画演示，了解"地心说"和"日心说"两种不同的观点，通过讨论引发争辩；利用画图、计算、推理等活动，经历开普勒三定律建立、发展的过程；通过视频短片，感悟科学家第谷为了追求真理长期坚持观察天体和哥白尼为真理献身的科学精神；了解我国卫星发展的历程及感人事迹，体会钱学森等科学家们不怕困难、勇于探索的科学态度，深化对科学本质的认识。

续表

德育范畴		内容阐释	示 例
X	社会责任教育	通过物理与生活、社会的联系，懂得遵守科学伦理和社会道德规范；理解科学、技术、社会与环境的关系。	人教版高中必修第一册"摩擦力"：通过观看视频了解生产和生活中增大摩擦和减小摩擦的实例；通过讨论交流、实验体验、分析归纳等环节，总结减小和增大摩擦的方法；认识增大摩擦和减小摩擦的相对性，懂得用辩证统一的观点看待问题，树立改变摩擦服务生产和生活的意识，懂得物理与生活、社会的密切关系。

备注："5"为《中小学德育工作指南》中五个方面的德育内容，是各学科共同的德育范畴；"X"为体现学科本质的学科特色德育内容范畴。

第二节　学科德育实施建议

结合相关文件要求和教学实际，我们开展了实践研究，总结出了学科德育教育的实施路径（见图9-1）。首先，要明确学科德育课应是一节常态的课堂，要根据课程标准中的要求，结合具体物理内容，以物理知识为载体，深入挖掘物理知识中所蕴含的德育点，制定指向学科育人的教学目标；其次，整合反映我国现代科技发展成就和传统文化的教学资源，设计教学活动，让学生在活动中实现智育和德育的共同发展；最后，还要基于学生的表现进行评价，反馈本节课学科育人的整体效果。

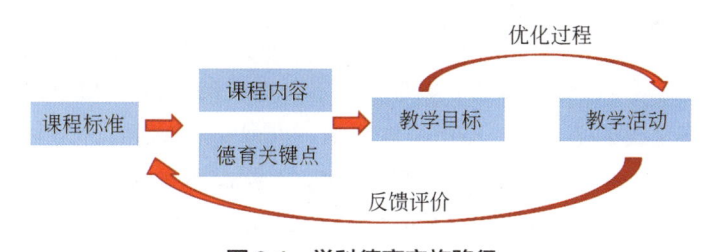

图 9-1　学科德育实施路径

一、整体规划，链接德育内容

学科教学本身承担着育人的功能，需要肩负起培育新时代全面发展的中学生的任务，授课过程中要深入地挖掘物理教学的育人功能，实现由物理教学到物理育人的转变。在物理学科中开展学科德育教育，应结合物理学科的特点以及具体内容，首先应确定学科德育范畴，从学科育人的角度，发掘适合本节课的德育要素。明确了本节课所实施的德育内容后，再基于物理学科核心素养和教学内容，细化育人目标。育人目标要具体可行，具有可操作性。如通过"探究浮力大小与哪些因素有关"的实验，形成实事求是的科学态度，树立尊重事实、重视证据的实证意识。通过解释生活中的折射现象，树立用已知的科学规律去解释简单问题、破除迷信的意识。

在制定详细的育人目标时，教师应扪心自问，本节课除了知识外，还能教给学生什么，哪些内容更有利于学生素养的发展？只有深度挖掘知识以外的育人功能，才能发挥教材的最大作用。制定合理的育人目标，为设计合理的学生活动指明方向，奠定基础。例如：在讲授北师大版《物理》八下第八章第七节"飞机为什么能上天"时，除了让学生了解流体压强与流速的关系以及飞机上天的原因以外，更要从学科德育的角度，思考如何实现学科育人。教师可以通过流体压强与流速的生活事例，结合安全线渗透安全教育；让学生了解飞机发展史，培养敢于攀登和献身的科学精神，了解我国飞机发展中遇到的困难以及近几年的辉煌成就，激发爱国主义情怀。

二、创设情境，密切联系生活

概念的建立需要创设情境，规律的探究需要创设问题情境，应用知识解决具体问题应结合真实的情境，基于学生认知和道德发展基础，将教学内容与学生生活实际相联系，创设学生熟悉、可参与或可感受的真实情境，引导学生在情境中学习，在学习中思考，在思考中进行价值判断，树立正确的价值观念。学科德育需要在合适的学习情境中进行，学习情境的创设需要有效教学资源的支撑，利用生活事例，创设问题情境，是开展教学活动的重点。

如在北师大版《物理》八下第八章第七节"飞机为什么能上天"中，为了说明流速大的地方压强小这一结论，教师可以播放奥林匹克号海难的视频和高铁进站中安全线的画面，让学生体会刻画安全线的必要性，懂得遵守规则，进行安全教育，体现物理密切联系实际的特点。在引入飞机的升力环节，播放我国飞机C919起飞视频，指出C919最大起飞质量为72.5吨，从而提出"飞机为什么能上天"的问题。利用多媒体技术，紧密联系生活实际，拓宽了教学资源，激发学生兴趣，有利于学科德育教学的实施。

三、强化探究，培养证据意识

物理学是以实验为基础的科学，以实验为基础，强调以事实为依据，注重通过实验培养获得证据的能力，增强实事求是的态度。因此，物理教学应基于现实问题，开展实验探究，重基于问题解决的实验设计，重基于证据开展分析和解释的过程，倡导反思改进与评估交流，体现物理的严谨性，强调事物之间的逻辑关系。

如在北师大版《物理》八下第九章第一节"杠杆"中，为突破力臂概念这一难点，教师首先利用实验探究建立杠杆平衡的初步结论：动力 × 距离$_1$= 阻力 × 距离$_2$，然后通过变式拓展，利用宽杠杆，形成认知冲突，让学生基于实验数据和实验结论进行解释，辨析"点和点"间、"点和线"间的距离，从而化解矛盾，不仅完善和规范实验结论，同时还巧妙地建立力臂的概念。基于问题解决的实验探究，不仅体现学生自主性，还培养了学生的证据意识和实事求是的严谨态度。

四、整合资源，形成挑战任务

即使确定了教学目标和德育内容，开发了教学资源，也不一定有好的教学效果，教师还需要进一步优化教学活动，形成挑战性任务，才能发展学生思维。教育要在合适的教学活动中进行，教学活动是实施学科德育的载体，设计良好的教学活动和挑战性任务是实施学科德育的重要手段。教学资源是教学活动的重要元素。利用生活事例，创设问题情境，是设计教学活动和挑战性任务的重点。教学活动是落实教学目标的路径和手段，在活动中引发学生的思考，从而实现能力和品格的同步发展。

例如：在教授北师大版《物理》八上第一章第一节"物态变化　温度"时，从测温需求，到探究结构、标注温度、梳理规则、测温应用，形成有层次的挑战性任务。让学生经历温度计发明创造的过程，在完善自制温度计的过程中，体验战胜困难、用科学技术解决问题的乐趣和喜悦。

学生可以通过互联网、图书室等，收集在微观世界中做出重要贡献的科学家汤姆孙、卢瑟福等人的资料，通过手抄报展览交流他们的研究工作过程和成果，感受微观世界的丰富多彩，体会探索的乐趣、严谨的科学态度，领悟人类对世界的认识将继续深入，树立科学的物质观和认识发展观。

生活现象是研究的起点，一切探究始于问题，现象是问题产生的根源，教学活动和挑战性任务的设计，应从生活现象开始，把学生带到问题的起点，而非终点。教师和学生一起从问题的起点，经历探究过程，走向探究的终点（结论）。但是由起点到终点的过程，并非一条直线，而是一条螺旋式曲线，在这个曲折的道路上，要用问题和任务引领学生的思维，引导学生探究，最终认识和掌握物理规律。在此过程中学生不仅获得了知识，还感悟了科学方法的巧妙，感悟了前人不怕困难，敢于攀登的科学精神，从而激发了学生探究的欲望和学习兴趣，为形成良好的价值观念奠定了基础。

五、常态开展，多元持续评价

教学中，要用常态课的心态看待学科德育课堂，要客观公正，尊重事实。防止从一个极端走向另一个极端，从一种倾向转为另一种倾向。不能一说重视学科德育，就忽视基本知识的学习，这不是真正的重视德育。学科德育应立足学习过程，促进长远发展，提倡运用多样化的评价方法，促进学生全面而富有个性的发展，促进教师反思和改进教学，实现评价的诊断、激励和发展的功能。对于德育的效果，一般不便用试题进行检测，可通对学生在活动中的表现进行反馈，掌握学生的学习情况。其中，培育学生积极的学习态度就是德育的关键指标。

例如：在北师大版《物理》八下第八章第七节"飞机为什么能上天"这节课中的最后环节，播放视频《中国民航发展史》，学生通过视频了解到我国民航从一开始依靠进口，后来依赖苏联援助到现在独立研发的艰辛历程。通过视频短片展示，以及分组讨论，让学生发表自己的感受。学生意识到必须坚持独立自主、科技兴国。学生还就 C919 飞机的发动机发表评论，意识到我国的民航技术发展与发达国家还有差距，萌生为祖国发展而奋斗的责任感。冯如坚定回国发展，为祖国民航事业不惜牺牲生命的事迹更是为学生树立了爱国的榜样，我国民航的快速发展也极大鼓舞了学生的学习兴趣和爱国热情。这样，通过学生的表现可以反馈学生的学习情况，可知他们的心灵受到了强烈的冲击，为树立不怕困难、敢于攀登的科学精神奠定基础。

总之，教师要有"育人"意识，要充分尊重物理学科的内在逻辑，防止画蛇添足；要适度挖掘物理学科所特有的学科德育要素，要清楚学科德育具有主观性、体验性和内隐性等特点。既要有机地结合物理课程的性质和特点，又要把握物理课堂教学活动的情境和氛围，才能做到"随风潜入夜，润物细无声"。含而不露、点到为止、留有进一步思考和升华的空间，才是更好的学科育人境界。

第三节 学科德育典型课例

基本信息

教师姓名	王新富	学 校	北京市海淀区教师进修学校附属实验学校
教学年级	八年级	教科书版本及章节	北师大版《物理》八年级上册第一章第一节

第九章 中学物理学科

一、单元教学设计

| 单元学习主题 | 物态变化——水之旅 |

（一）单元教学设计说明

《义务教育物理课程标准（2022年版）》中，特别强调将科学探究纳入内容标准，旨在加强对学生核心素质的培养。学生不仅学习物理知识和技能，还要经历科学探究的过程，掌握科学方法，发展初步的科学探究能力，形成尊重事实、探索真理的科学态度；养成良好的思维习惯，敢于质疑，勇于创新。通过了解物理学发展的大体历程，关心科技发展的动态，关注技术应用带来的社会进步，树立正确的科学观。

新课标的指导思想中明确提出，全面贯彻党的教育方针，遵循教育教学规律，落实立德树人根本任务，发展素质教育。坚持德育为先，提升智育水平，加强体育美育，落实劳动教育。引导学生明确人生发展的方向，成长为德智体美劳全面发展的社会主义建设者和接班人。同时，学科德育也是全面落实社会主义核心价值观和中华优秀传统文化教育的有效途径。学科德育是教师根据各学科特点、学段特点和学生发展需求，充分挖掘学科学习中的德育要素，将具体学科知识链接生活实际，形成具有挑战性的学习任务，学生通过多种形式的实践性学习，提升核心素养，实现知行合一。

"物态变化　温度"一章，是热学内容的起始章节，具有基础性地位，包含温度、温度计、物态变化等内容；是热学中的重点内容，也是后面学习内能、热量、热机等内容的基础。另外，本章物态变化中涉及能量的变化，是培养学生能量观的第一课，以生活中的水循环为例详细介绍水的物态变化种类以及吸、放热问题，并由此介绍世界上水资源的分布与使用状况，渗透节约用水、环保节能的学科德育。

（二）单元学习目标与重难点

1. 学习目标

（1）通过生活事例分析认识物态变化，了解物态变化中的吸热、放热过程，及转化过程中的能量观。

（2）通过实验探究认识晶体熔化、水的沸腾、碘的升华等现象。

（3）通过重演温度计的发明过程，掌握转换和人为规定等科学方法，发展科学思维和创新能力，强化思维方式和行为习惯的培养。

（4）通过实验探究了解科学探究始于问题，基于数据/事实的解释，通过观察与推理得出结论，培养合作交流的习惯。

（5）通过温度计的使用及晶体熔化实验，懂得爱护仪器，遵循规则，树立安全意识。

（6）在了解物体变化的过程中，懂得人与自然的关系，人与社会的关系，树立保护自然的发展理念，追求人与自然的和谐发展。

2. 学习重点

通过探究生活中物态变化现象，认识物态变化的种类及特征。

3. 学习难点

物态变化现象的解释及科学探究的方法等。

（三）单元整体教学思路（见图 9-2）

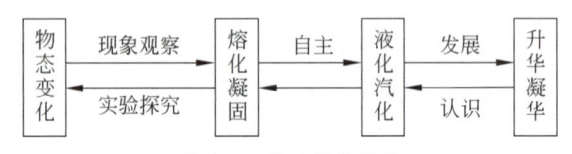

图 9-2 单元教学结构

二、课时教学设计

课题	温度计				
课型	新授课 ✓	章/单元复习课 ☐		专题复习课 ☐	
	习题/试卷讲评课 ☐	学科实践活动课 ☐		其他 ☐	

（一）教学内容分析

1. 设计思路

"温度计"位于本章的第一节，是热现象的起点，也是后面学习物态变化的基础，因此具有重要的地位。传统教学的重点是讲清温度的定义、温度计的原理及使用规则等内容，但以上教学方式仅仅落实了知识和技能目标，对于学生思维的发展和价值观教育明显不够。为弥补以上不足，落实由学科教学走向学科育人的理念，本节课进行了以下创新：通过优化认知过程，建立知识结构、能力结构、科学方法结构。以温度计的发明、完善和使用过程作为课堂学习主线，旨在通过探究，完成对温度计的相关学习，从而实现学生对温度计的有意义构建。基于现实需要，解决问题，利用资源开发，设计学生的学习任务，让学生经历探究制作温度计的过程，并考虑影响因素，实现对温度计原理、测温物质、结构、刻度和使用规则等内容的自主建构，感悟温度计的使用具有现实意义。教学流程见图9-3。

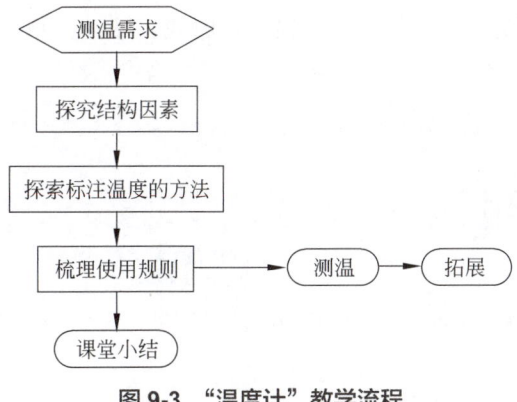

图 9-3 "温度计"教学流程

2. 教学内容
落实课程标准，深入挖掘学科本身所蕴含的德育价值。

3. 教学方法
教学过程主要采用启发式教学和探究式教学相结合的方式。

4. 教学资源
古人测温视频；中国科学院现代测温应用实验室，实验器材：烧瓶、小玻璃瓶等。

（二）学习者分析

八年级的学生具有好奇、好动、好强的心理特点。教学中要注意培养学生对物理的兴趣，充分发挥演示实验与探究实验的强化作用，调动学生学习的积极性和主动性。学生已经学过物理的相关知识，但综合运用能力较差，深度理解仍有一定困难。在情感方面，八年级学生对思想政治、历史、科学都有了一定的理解，具有个人特色的人生观、价值观正在形成中。

（三）学习目标

（1）通过生活事例了解温度的概念，能说出生活和自然环境中常见的温度值。

（2）通过实验探究了解体温计的工作原理，掌握温度计的使用方法，并能准确读出和写出摄氏温度。

（3）通过自主学习掌握温度的常用单位和国际单位制中的单位。

（4）通过温度计的发明过程，培养观察、分析能力，感悟转换和放大法的巧妙。

（5）在完善自制温度计的过程中，体验战胜困难、用科学技术解决问题的快乐和自豪。

（四）学习重难点

重点：经历发明温度计的过程，认识温度计原理、结构、测温物质、温标；归纳温度计的正确使用方法。

难点：摄氏温标的引入、温标的建立过程。

（五）学习活动设计

教师活动	学生活动
环节一：创设情境——研发温度计的必要性	

教师活动1

1. 让学生体会到研发测温工具的必要性
（1）学生判断自己增减衣服的理由。
（2）了解古人生产生活如何判断温度。
（3）学生体验人体测温。
2. 问题
（1）你是怎么判断温度？
（2）古人是怎么判断温度的？
（3）人体感知温度存在什么不足？
3. 结果：
测温必要性、测量工具研发必要性。

学生活动1

1. 体会研发测温工具的必要性
（1）学生根据天气冷热，增减衣服，谈真实感受。
（2）观看视频，说出古人测温的方法与类型。
（3）体验：把两根手指，分别放入冷、热水中，再同时放入温水中（见图9-4）。

图9-4 感觉水温

2. 学生回答
（1）依据身体感知温度。
（2）借用初步判断感知温度。
（3）利用身体判断温度不准确、不安全。
3. 结论
我们需要研发一种测量温度的工具。

第九章 中学物理学科

| 教师活动 | 学生活动 |

活动意图：通过介绍我国古人利用冰瓶判断温度高低，渗透中国文化。但这种方法并不可靠，有必要发明测量温度的工具——温度计。从而引入本节课的主题，指出发明温度计的需求点。

环节二：探究温度计的制作原理

教师活动 2

1. 探寻测温物质与测温原理

探寻哪种物质适合做测温物质。

（1）感知气体对温度的反应（见图 9-5）。

图 9-5　比较气体与温度变化

（2）不同液体对温度变化的反应。

2. 问题

（1）你看到了什么现象？

（2）说明了什么道理？

（3）瓶子装满水，给液体加热，有什么现象？这体现了什么原理？

学生活动 2

1. 进行实验探究

（1）观察并感知气体对温度的反应。

利用气体热胀冷缩的原理可以把温度的变化转化为体积的变化，便于观察和测量。

（2）实验并观察液体对温度变化的反应（见图 9-6）。

图 9-6　比较热胀冷缩对不同液体的影响

2. 回答教师问题并进行总结

通过实验发现，液体在热胀冷缩时体现的变化更易于观察，因此液体更适合做温度计的测温物质。

活动意图：通过实验发现气体和液体都具有热胀冷缩的原理，最终选择液体为测温物质，因为液体的变化易于观察和比较。利用热胀冷缩原理，将温度变化转化为体积变化，再转化为高度的变化，落实了转化法和放大法的科学方法教育。

环节三：探究温度计的结构与温标

教师活动 3

1. 研究温度计的结构

探究：利用桌上器材实验，观察并比较瓶中液体膨胀情况（见图 9-7）。

学生活动 3

1. 学生实验

按不同组进行分配，瓶子大小不同、瓶内液体不同（水、酒精、煤油）、玻璃管粗细不同等。学生按器材分组操作、观察、对比、讨论。

107

教师活动

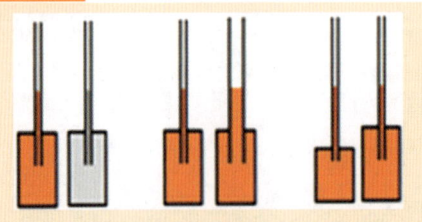

图9-7 观察不同结构温度计的热胀冷缩

问题：制作温度计需要考虑哪一个小瓶膨胀效果更明显。

引导分析：温度计玻璃泡大、玻璃管细，测温物质宜选酒精或煤油，效果更好。

2.引导学生标记温度值（见图9-8）

（1）提出问题。

①准确测温，如何给温度计标记刻度？用已知的温度计标注温度。

②世界第一支温度计怎么标记温度？

③从使用的角度，怎样完善温度计的结构？

（2）介绍摄氏温度。

播放视频介绍温度的规定：

把冰水混合物的温度规定为 0℃，一个标准气压下沸水的温度规定为 100℃。把 0℃ 和 100℃ 之间平分成 100 等份，每一份就是 1℃（℃读作摄氏度）。

（3）引导学生完善温度计：把自制的温度计，分别放入冷水和沸腾的水中，观看液柱上升的位置，并标注温度示数（见图9-10）。

图9-10 给温度计标注刻度

学生活动

研讨结果：

测温物质：选酒精。

结构因素：泡大、管内径细。

学生疑惑：只能粗略反映温度变化，需要标识刻度。

需要温度不变的测温物质。

图9-8 教师引导完善自制温度计结构

2.标记温度值

（1）用已知的温度计标注温度（见图9-9）。

将自制温度计和已知温度计同时放入同一液体中，待液柱稳定后依次标记。

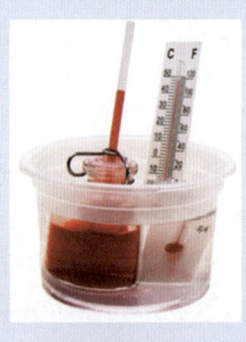

图9-9 探寻温度计标注刻度原理

（2）探索温度标准。

学生讨论解决矛盾：

物体的热胀冷缩变化均匀吗？

如何均匀测量温度的变化？

第九章　中学物理学科

教师活动	学生活动

活动意图：经历测温物质及温度计结构的优化过程，引导学生学会选恒定的温度作为标准，尝试寻找标注温度的方法，并利用人为规定法标注温标，深刻认识摄氏温标的含义。

环节四：温度计的使用规则

教师活动	学生活动
教师活动 4 1. 引导学生利用温度计测量一杯开水的温度。 2. 梳理温度计使用规则。 引导学生交流总结： （1）使用前观察量程分度值。 （2）不要碰到杯底和杯壁，玻璃泡浸没液体中。 （3）示数稳定后再读数。 （4）读数时视线与液柱相平。 3. 播放温度计研发状况视频。 引导学生查阅资料，除了利用热胀冷缩原理，科学上还发明了哪些原理的温度计？	**学生活动 4** 1. 学生操作并记录。 展示汇报实验测量数据，并梳理温度计的使用规则（见图 9-11）；阅读温度计使用说明书。 图 9-11　梳理温度计使用规则 2. 总结归纳温度计使用规则。 估、选、放、候、读、记。 3. 观看视频，进一步了解温度计。 学生举例，并了解生活中的温度。了解多样温度计原理与作用。

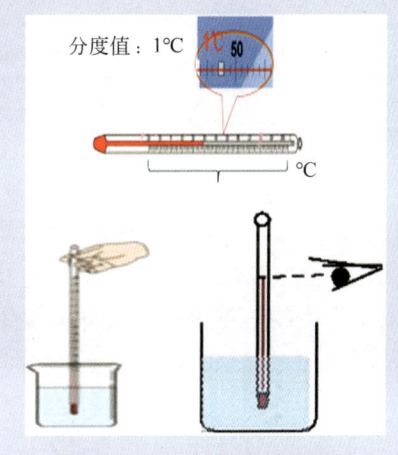

活动意图：通过实验操作和交流讨论，梳理温度计的使用规则，体验制定测量工具使用规则的喜悦，增强规则和安全意识。实验后整理器材，养成爱护仪器的习惯。了解热平衡思想，为感知温度，联系生活作好铺垫。通过观看视频，了解国家科研等方面的温度测量的情况。

环节五：小结

教师活动	学生活动
教师活动 5 请学生结合本节课的感受与收获，以《天净沙·秋思》为蓝本，完成《天净沙·温度计》的填词活动。	**学生活动 5** 从知识、实验过程、学习过程、科学精神等角度进行总结。

109

教师活动	学生活动
	天净沙·温度计
	（一）实验　　　（二）探究 课堂老书新芽，　测温原理寻呀， 小瓶留水大家，　工具结构研发， 鼓捣细缝观察。　温标如何标码？ 　　西洋习下，　　　找呀找呀， 创尝人在中华。　温标巧用水答。 （三）精神　　　（四）你·希望 借助他物标温，　温度热学物理， 需从本源思根，　自然实验和你， 略华摄开现身。　思维科学探旅。 　　故人求真，　　　创新在哪里， 科学精神驻心。　探索等待着你。

活动意图：利用天净沙填词，进行本节课小结，不仅体现科学与人文的完美结合，还激发了学生的学习兴趣，发展了学生的思维，开阔了学生的视野，为后续学习物理奠定了基础。

（六）板书设计（见图9-12）

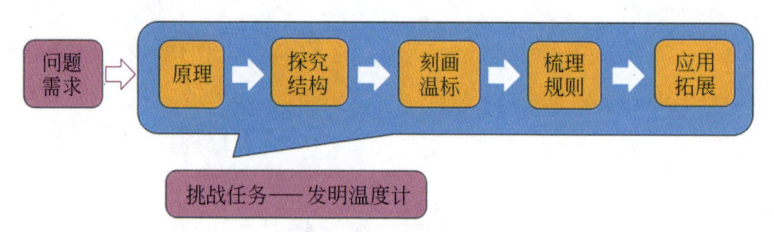

图 9-12　板书设计

（七）作业与拓展学习设计

（1）编制温度计使用说明书。
（2）调查：寒暑表与体温计的区别。

（八）教学反思与改进

1. 关于课堂教学实践

本节课是落实中学物理新课程理念的尝试，基于物理新课程理念，努力由形式上的探究，跃升至关注学生的本位学习，关注知识的形成过程，将探究环节和步骤合理地落实到具体教学环节中。旨在充分体现新课改重结论、更重过程的理念，让学生在活动中学习，在合作交流中自主建构知识。

本节课，从学生的参与程度与自主探究的角度来看，整体效果不错，落实了基于问题解决的科学探究设计与实施。在发明温度计的过程中，学生通过制作简易温度计模型来体会其工作原理，探究温度计的结构，标注刻度，梳理使用规则等。在温度计的教学中教师借助每一个探究环节来设置问题，发展学生的思维能力，改变教学内容呈现方式和学习方式。教师把要讲解的内容变成学生研究问题的素材，改变了学生被动接受的不足，不但使学生接受了知识，更重要的是懂得了知识发生的过程，让学生自始至终参与到知识形成的全过程中来。

2. 关于学科德育的设计

本节课渗透学科德育，主要从挑战性的任务设置——经历温度计发明过程，渗透科学方法教育，如转换法、人为规定法等，发展学生的科学思维；在使用温度计中培养规则意识和安全意识，在合作交流和实验探究中培养科学精神。如本节课在引课中，通过古人可判断温度高低的事例，渗透中国传统文化教育，有效调动了学生学习的主动性，让学生带着兴趣学，学后更感兴趣，使教学更加人性化。

教研员点评

1. 体现了学生的主体地位

本节课体现了学生主体、教师主导的和谐教学氛围。学生自始至终参与到知识的建构过程中来，参与度高，积极性高。学生学习的过程，就是解决问题的过程，学生充分体验成就感。本节课教师处处站在学生的角度来思考教学：围绕温度的测量，展开了设计、探究、应用等过程，改变知识的呈现方式，引领学生的思维发展，获得很好的教学效果。

2. 注重知识形成的过程

本节课改变了传统的以传授知识和培养技能为主要目的的教学方式，而是以问题和需要为起点，设置大的挑战任务——发明温度计，用问题引领学生学习，层层递进，不断完善，发散了学生的思维，在实践中解决了问题，培养了学生合作交流的意识。让学生自始至终参与到知识形成的全过程中来，充分体现了新课改重结论更重过程的理念。不但使学生接受了知识，更重要的是发展了学生的思维能力和创新能力。

3. 注重激发学生的学习兴趣

本节课教师积极激发学生的学习兴趣。比如在学习温标时提出问题、在练习使用温度计时让学生总结使用方法、让学生提出问题并开展探究,极大地调动了学生学习的主动性,充分体现了学生是课堂真正主人的新课改理念。教师为学生创造了民主、愉说、和谐的课堂气氛,也有利于增强学生学习的积极性。

4. 注重学科德育

本节课有效体现了学科德育,让学生经历温度计的发明过程,渗透了科学方法教育,如转换法、人为规定法等,发展了学生科学思维和探究能力;在使用温度计中培养规则意识和安全意识,在合作交流和实验探究中培养科学精神。通过温度计的学习,有效调动了学生的主动性,使教学更加人性化。

5. 体现了跨学科实践教学

本节课,很好地体现了跨学科实践学习,以发明温度计为大任务,统领学生的学习,然后以问题串驱动整个学习过程。这其中涉及生活中使用温度计、利用工程制作温度计等问题,很好地体现了物理学与生活、工程和社会的关系,也是对跨学科实践教学的一种尝试。

评课人:田成良　北京市海淀区教师进修学校

第十章 中学历史学科

第一节 学科德育范畴

根据《中小学德育工作指南》中五个方面的德育内容，形成各学科共同的德育范畴。根据中学历史学科内容，形成学科特色德育内容范畴，以"X"形式进行呈现。"X"的内容主要包括国际理解（世界意识）教育，引导学生"了解人类社会历史发展的基本趋势及人类文化的多样性，理解和尊重世界各国、各民族的文化传统；认识和平与发展是当今时代的主题，逐步形成面向世界的视野和意识，具有人类命运共同体意识，积极承担世界责任"。综上，形成中学历史学科德育范畴，详见表10-1。

表10-1 中学历史学科德育范畴

	德育范畴	内容阐释	示例
5	理想信念教育	加强中国历史特别是中国近现代史的教育，进行革命传统教育、红色文化教育、革命文化教育、社会主义先进文化教育、中国特色社会主义宣传教育等，引导学生深入理解中国革命史、中国共产党史、社会主义发展史，继承革命传统，传承红色基因。	（部编）人教版八年级上册"毛泽东开辟井冈山道路"和"中国工农红军长征"：在"大革命失败后的白色恐怖"学习情境驱动下，通过分析史料，了解南昌起义的时代背景，感受中国共产党顶着反革命的逆流，依靠坚定的信仰和铁的纪律保存了革命力量继续投入战斗；通过对南昌起义、秋收起义、开辟农村革命根据地等史事的梳理，感悟中国共产党的不懈探索，理解开辟中国革命道路的历史意义；通过反"围剿"及反"围剿"失败后红军被迫战略转移等史事，知道结合中国国情选择革命道路的必要性，进而理解遵义会议的历史意义；通过在地图上标记中国工农红军长征路线、阅读肖锋《长征日记》等史料、分享长征故事等方式，了解红军的革命英雄主义精神的具体表现。引导学生理解中国共产党坚定的革命信仰，感悟红船精神、井冈山精神、长征精神等中国共产党的革命精神，帮助学生深刻理解中国革命历程，树立继承革命传统的红色信念。

续表

德育范畴		内容阐释	示例
5	社会主义核心价值观教育	渗透社会主义核心价值观教育、爱国主义教育、民族团结教育、法治教育、总体国家安全观教育、国家主权及海洋意识教育等，引导学生树立"四个自信""五个认同"。	高三复习课"新民主主义革命时期国共两党对五四运动的评价"：在研读不同时期国共两党对五四运动评价的材料后，分别概括大革命时期、十年对峙时期、抗日战争时期、解放战争时期国共两党对五四运动的评价，比较异同并分析原因，引导学生发现不同时期国共两党对五四运动的评价有差异。从纵向维度进行梳理可以发现，国民党对五四运动的评价越来越低，并最终否定五四运动。中国共产党则一直肯定五四运动，肯定学生和人民的爱国行为。教师引导学生认识评价观点会受到时代、评价者的身份、立场等影响，但是在历史淬炼下不变的是五四运动的精神内核，帮助学生提炼五四运动精神内涵，理解中国共产党革命实践和理论的发展历程；组织设计纪念五四运动的主题活动，认识五四运动的当代价值。
	中华优秀传统文化教育	传承发展中华优秀传统文化，大力弘扬中华传统美德、中华人文精神，引导学生了解中华优秀传统文化的历史渊源、发展脉络、精神内涵，增强文化自觉和文化自信。	（部编）人教版七年级上册"百家争鸣"：在呈现"春秋战国时期礼崩乐坏，社会动荡"的历史情境下，指导学生认识老子、孔子等先哲思想出现的时代背景，理解士阶层关注和担忧社会发展方向，并思考解决方法的担当，涵养学生以天下为己任的责任感。学生通过阅读史料，概括老子和孔子的观点，梳理战国时期诸子百家的各种主张，理解各家学说的中心和最后归宿都是为了求治国平天下之道和理想的人生道路，了解诸子思想构成中国传统文化的主流的同时，也最终共同构成中华民族传统文化的基本精神，提升对优秀传统文化的理解，增强文化自信。
	生态文明教育	开展环境保护教育，引导学生树立敬畏自然、尊重自然、顺应自然、保护自然、合理利用自然的发展理念。	（部编）人教版九年级下册"不断发展的现代社会"：结合工业革命后经济发展和环境恶化等背景，带领学生对现实问题进行历史思考。指导学生小组分工，分别针对生态、人口等不同问题展开调查，了解现代社会若干问题的现状，从而产生危机意识，认识到保护生态、尊重自然的必要性。从历史各个时期发展的角度思考现代社会问题形成的不同原因，认识到利用自然是人类发展的必然，也意识到科学发展的必要性；调查我国及国际社会的应对策略，认识到生态保护需要从个体到国家再到国际社会的共同努力；最后，组员们讨论、归纳，从个人、国家和国际社会的不同维度阐释解决现代社会问题的策略，树立从自我做起、加强协作、合理利用自然、共同保护自然的科学发展理念。
	心理健康教育	培养学生健全的人格、积极的心态和良好的个性心理品质，强化应对困境的适应能力。	（部编）人教版九年级下册"近代科学与文化"：指导学生按照兴趣划分科技、文学、音乐、美术小组，对近代科学和艺术大师进行调查，引导学生关注他们所处的时代背景、个人经历及其贡献，理解他们所作出成就的重要意义，如通过牛顿、达尔文的故事了解他们在科学领域破除蒙昧和迷信，坚守理性、坚持对真理的探索等，引导学生形成敢于思考、勤于思考和乐于思考的思维品质。

第十章　中学历史学科

续表

德育范畴	内容阐释	示　　例
X	国际理解（世界意识）教育	引导学生了解人类社会历史发展的基本趋势及人类文化的多样性，理解和尊重世界各国、各民族的文化传统；认识和平与发展是当今时代的主题，逐步形成面向世界的视野和意识，具有人类命运共同体意识，积极承担世界责任。	（部编）人教版九年级上册"古代亚非文明"：按照时空顺序，梳理人类文明和区域文明的诞生和发展，借助图片、文字等材料，引导学生提炼概括世界各个区域文明的主要特征，分析各自特色形成的原因，加深学生对古代世界多元文明的理解。可通过时间轴，梳理不同文明的发展，认识古代社会发展从低级到高级、不断进步的总体趋势。通过讲述和梳理古代世界各地区之间的横向交往，引导学生认识古代社会相对孤立，但交流交往依旧进行。梳理古代区域文明互动的过程和结果，认识文明交流互鉴的重要意义。

备注："5"为《中小学德育工作指南》中五个方面的德育内容，是各学科共同的德育范畴；"X"为体现学科本质的学科特色德育内容范畴。

第二节　学科德育实施建议

立德树人是历史课程建设的根本任务，历史学科的教学应坚持育人为本、德育为先，使历史教育成为形成和发展社会主义核心价值观的重要途径，发挥历史学科立德树人的教育功能。在历史教学中，应充分研读课标，选取有效历史素材，以综合素质、学科核心素养的培育为主要突破口，在学生综合实践活动、评价方式等各方面开展育人工作，使学生能够从历史发展的角度理解并认同社会主义核心价值观和中华优秀传统文化，认识并弘扬以爱国主义为核心的民族精神和以改革创新为核心的时代精神，具有广阔的国际视野，树立正确的世界观、人生观、价值观和历史观，这是历史课应有的价值追求。

一、目标上：研读课标，选取有效历史素材，强调文化自觉

《普通高中历史课程标准（2017年版）》明确提出，要以立德树人为历史课程的根本任务，坚持正确的思想导向和价值判断，明确将家国情怀作为五大素养之一。可见，新的历史课程标准既提出了学科德育的育人目标要求，也承载了学科德育的育人内容。历史学科属于意识形态较强的学科，蕴含丰富的德育内容，所以在教学过程中，要深入研究新的课程标准的内容，挖掘出好的"育人点"。

以新文化运动为例，《普通高中历史课程标准（2017年版）》的要求是："概述新文化

运动的主要内容，探讨其对近代中国思想解放的影响。"新文化运动的内容之一是"提倡白话文，反对文言文"，这一看似简单的内容，却可作为有效素材充分发挥其德育功能。首先，教材由于篇幅的有限性，没有对白话文进行系统介绍，学生很容易认为提倡白话就是从新文化运动才开始的，通过补充白话文的相关材料，可以让学生真正认识白话文运动的来龙去脉，回到清末民初的广阔时代背景来理解对白话文的提倡，从而明确思想解放是一个漫长的过程，不是一蹴而就的。其次，在学习生活中，学生对于白话文和文言文的认识也是片面的，很多学生对背诵文言文比较抵触，认为学习文言文没有什么价值。帮助学生真正了解白话文运动兴起的背景，理解当时为什么要反对文言文，同时理解今天我们为什么又要学习文言文，这就是一个好的学科德育点，能帮助学生深入理解传统文化。

如北京市第五十七中学安海燕老师首先介绍了在新文化运动之前，已经出现了提倡白话文的思潮，但在新文化运动前，未动摇文言文正统地位。接着老师出示了以下两则材料，并提出问题：为什么新文化运动时期白话文的地位最终得以确立？

材料一

文言文既难学习，要想普及文字知识的效果，真是难上加难了。试问念书的人，尚且不能人人通达，何况一般社会。何如白话文，字句明显，普通的人，稍微念二三年书，就能有文字的知识，这不是普及教育的利器吗？

——杨素忱《论白话文与文言文之优劣》

材料二

1917年1月，蔡元培正式到任北大校长……一时间，各种锐意革新的青年人才汇聚北大……围绕新思想和白话文运动，展开了中国近代文化最活跃的争论、变革……局面。

——蒲实《新文化运动在1917》

通过师生共同阅读史料和讨论，学生逐渐明白，白话文取代文言文有着特殊的时代社会背景，历史上任何事物的发展都不能脱离所处的时代。同时，针对学生对于文言文和白话文容易产生的误区，老师课前下发了以下关于白话文和文言文争论的材料。

胡适：文言文作为文学工具已丧失了活力，中国古文字不能做教育民众的利器。

林纾：古文是白话的根柢，万不可释手，"若尽废古书，行用土语为文字，则都下引车卖浆之徒所操之语"。

辜鸿铭：中国文化的核心价值和思想精髓就在文言文中，白话文运动会给国人带来传统文化断层上的灾难。

设问：（1）你如何看待这些说法？为什么？

要求：现场创作微评论（学法指导：任选一个或者几个观点进行评论；有自己的看法，

并阐明依据，结合材料、所学和现实）。

（2）我们应该如何认识文言文和白话文的价值？

以名人对白话文的争论为出发点，学生通过查阅资料，积极发言，老师通过正确引导，端正了学生当今对于白话文和文言文的认识，老师在对学生的发言进行适时点评的过程中，提升了学生的认识。

二、内容上：凸显学科本质，体现历史学科的核心素养，对学生历史认知的要求应循序渐进

学科核心素养是学科育人价值的集中体现，是学生通过学科学习逐步形成的价值观念、必备品格和关键能力。一节好的历史课也应是一节好的德育课，所以它必须充分体现本学科的教学内容，体现历史学科核心素养的要求。

（一）创设教学情境

《普通高中历史课程标准（2017年版）》指出，"历史是过去的事情，学生要了解和认识历史，需要了解、感受、体会历史的真实境况和当时人们所面临的实际问题，进而才能去理解历史和解释历史"。老师可以通过创设历史情境，调动学生的情感和兴趣，让学生回到历史的现场，在观察和思考中形成正确的情感态度和价值观，以达成德育目标。

如育英学校邢晓燕老师讲授"长征"一课，通过呈现长征的亲历者肖锋的《长征日记》，要求学生对《长征日记》中的片段进行排序，在地图中标出长征的重要战役，有利于学生时空观念的培育。同时，学生阅读《长征日记》中作者细致的描述，与长征者同行，理解当时长征亲历者的所思所行，真正感受到长征的艰难和伟大。

如北京航空航天大学实验学校李晓涛老师的"盛唐气象"一课，通过呈现相关材料和地图，创设了长沙窑产品外销的学习情境：阅读材料一、二，结合长沙瓷的出土地点，在地图上画出当时长沙瓷的外销路线。

材料一

国外发现长沙窑瓷器以朝鲜、日本、印度尼西亚、伊朗较为丰富，泰国、菲律宾、斯里兰卡、巴基斯坦、阿曼、沙特阿拉伯、伊拉克、肯尼亚、坦桑尼亚等国较少。

——马继东《唐代著名外销瓷器长沙窑陶瓷调查》

材料二

长沙窑的外销也分两条线路。一条为东线，即销往东亚地区的朝鲜半岛及日本群岛。从宁波、扬州等地出港。另一条线则是先往南，再往西，销往东南亚、南亚、西亚及非洲

等地。或从扬州、宁波出海，经转广州，或直接从广州装船出海，抵东南亚诸国……并由此运往西亚及非洲地区。

——李建毛《湖湘陶瓷——长沙窑卷》

通过以上学习过程，学生深切理解中华文明对亚洲及至世界文明发展所做出的杰出贡献。

（二）进行史料研习

学生对于历史学习问题的真正解决，不是简单地接受现成的答案，而是通过自己对相关史事的了解，尤其是对有价值的史料进行分析，用实证的方式对问题的要点逐一探讨，以可靠的史料作为证据来说明自己对问题的看法。

教师通过给学生提供史料，在阅读史料过程中，和学生一起分析问题，帮助学生构建史实之间的逻辑关系。教师引导学生去看史料的出处，思考史料论述的角度，提示学生哪些史料可以相互验证，并要求学生归纳相似材料的主题，设计相关问题，既让学生习得一份证据说一份话，论从史出、史论结合的学科素养，也让学生切实感受到唐朝对外交流的盛况，体会到唐朝开明开放的对外政策，提升民族自豪感，增强文化自信。

三、活动方式上：与综合实践活动及选修课程结合，设置真实情境和挑战性任务，强化学生的综合素养

综合实践活动和选修课程是国家规定、地方指导、学校自主开发与实施的必修课程，它们以学生的现实生活为主要课程资源，以学生自主学习和直接体验为主要学习方式。这些课程所独有的综合性、实践性、开放性和生成性特点以及所蕴含的丰富的德育内容，为育人提供了有效的载体。历史学科的很多教学内容通过与综合实践活动和选修课程结合，会深化德育的内涵，真正走进学生的心灵。

如北京市育英学校每年初二年级都会举行"手绘长征"手抄报活动和红色长征的阅读活动，既结合了学校的红色特色，也融合了历史学科的内容，为学生的中国近代史学习打下良好基础。老师向学生布置红色经典阅读书籍，指导学生阅读，引导学生根据阅读的感受绘制不同主题的长征海报，有反映长征精神的、有反映长征艰难旅程的、有聚焦长征过程中具体战役的。从阅读长征经典书籍和日记，到绘制不同主题的长征海报，学生经历了从内化吸收到输出的过程，自然从内心深处感受到长征的艰难和长征精神的伟大。

再如人大附中初中年级举行的"清明上河看大宋"的综合实践活动，学生节选《清明上河图》的场景，自主进行课本剧《医馆会诊》的演出。学生在排练的过程中，研究北宋时期人们的服饰、饮食，对每一种食品、药品及衣服的样式和材质都进行了考证。在查阅

史书的过程中，从历史学科自身而言，这本身就蕴含史料实证的素养培育。学生在亲自编演的课本剧中，和历史进行对话，在对话中深入古人的生活和思想，感受中华传统文化内涵。从育人的效果来看，这比老师的课堂教授更容易抵达学生心灵。

四、形式上：关注学生主体，注重教学方式的多样性，感染学生的心灵

新课程改革倡导教师设计灵活多样的教学方式，发挥学生的主体作用，让学生参与教学、主动学习。历史学科德育的实施同样应该贯穿渗透于学生的活动中，让学生在多感官并用中体悟践行，产生内化效应。以往的育人教育，教师会向学生提出"有什么启示""有什么认识"等问题，要求学生回答，并且总想引导学生说出教师预想的结论，以此来进行学科德育渗透。这样做硬性教育的色彩太重，强行进行德育渗透的痕迹太明显，其中的一大弊端是将德育渗透变为寻找固定答案，导致学生不是谈自己真实的感受和认识，而是揣摩老师的心思，寻思所谓"合理"的答案。为了在德育渗透时使学生形成真实的感受和认识，教师应该进行精心设计，可以通过提供材料巧妙设置问题、小组合作等方式组织学生开展交流活动，寓论于史，情理交融，使学生从中获得真实的感受和认识。

如北京市第五十七中学安海燕老师在讲授新文化运动时，通过提供胡适、林纾、辜鸿铭对于白话文和文言文的看法，让学生自己来谈白话文和文言文的价值。在教学方式上，老师先要求学生自己阅读思考，然后小组进行讨论交流，最后代表小组进行汇报。由于学生处于一个开放的、平等的交流环境中，他们的思路就被打开了，做到了真正的交流碰撞。有的小组谈到了对传统的文言文决不能废弃，文言文是中国传统文化的载体，废弃文言文，会存在"传统文化断层上的灾难"的隐忧，要懂得文言文才能更好地理解和继承传统文化。这些其实都是老师想通过课堂传达给学生的，但通过老师的巧妙处理，使得这些认识最后都是由学生得出的。通过研究、学习与思考，学生深入理解日常文言文学习中所包含的文化内涵与历史传承。

五、评价上：开展多元评价，关注学生的获得感和价值观认同情况，举一反三

学科德育需要评价来衡量。教师的课堂反馈是一种最常见的评价，在教师的反馈、提升和总结过程中，学生通过认真聆听获得德育的收获感悟。这是在日常教学过程中教师最常用的一种方式。为了收到好的德育效果，我们要尽量让评价的方式多样化。

如北京一零一中学陈昂老师在带领学生参观北京大学赛克勒考古与艺术博物馆"千

山共色——丝绸之路文明特展"之后,让学生写下自己的参观感悟,以下是一位同学的感悟:

这件来自伊斯兰地区的贴饼高足玻璃杯,无疑是丝绸之路远方的来客。我们可以想象,是伊朗匠人灵巧的双手给予了它生命,随后在悠长绵延的驼铃声中颠簸着一路向西,翻越高山,穿越沙漠,又被另一双中国人的手郑重地接过。它不会说话,所以不会告诉我们究竟发生了什么。但它也不用说话。它静静地在展柜的光下自尊而谦虚地立着,因为它曾是光荣的使者,像丝线一般,用自己的足迹连接亚欧大陆的两端。透过斑驳的玻璃,我们可以洞见曾经中国博大的胸襟和包容的气度,以开放之心,笑纳八方来客,融汇万国文化。

学生的这种评价已经将老师想要传授的价值观念全然表达,而且是学生自己内心发出的,这比博物馆课程结束之后老师的总结升华效果要好很多。

再如人大附中历史教研组在学生学习完中国古代史后,让学生自主选择用绘画、音乐、影视、剧本创作等各种不同的形式来表达他们对于这段历史的认识,既尊重了学生学习的差异性,运用了多元智能的理论,也在某种程度上关注了学生学习的获得感,让学生对于古代中国的文学艺术瑰宝有了更深的认识。有的学生就丝绸之路的特点和伟大编写了歌曲,以下是其中一首:

汉朝丝绸之路,从长安出发;
西边事物十分珍奇,佛教瓜果汗血马;
魔术表演十分神奇,吞刀吐火,屠人截马;
传来西域丰富物产,核桃胡麻;
从东方"赛里斯",西行到阳关玉门关;
又到下一站,鄯善和美丽的楼兰;
虽说分为两条路,有着不同的目的地;
虽然是不同的经纬度,却有着相同的意义;
东西融合互相交流,都因此得到了进步;
回到现在这个时候,大力开展一带一路;
古时长安直到大秦,今天中国直到欧洲;
不同时代相同的心,过去为现在打好基础。

还有的学生以"丝绸之路"为题填写了一首词:

第十章　中学历史学科

水调歌头·丝绸之路

西汉年间，开拓丝绸路，与国互赠，作词，歌颂神州。

丝绸几源头？把酒问神州；

历经千百年，漫漫丝绸路。

异域驼铃风雨，冽寒风舞缎绸，

羁足留西域，梦萦在大汉，长情亚欧绵。

过重关，抵楼兰，望长安。

汉匈和战，昭君出塞传佳卷。

张骞出使西域，开启丝绸之旅。

天衣奉凯撒，美誉传千里，友谊亚欧连。

除了日常教学活动中多样化的教学评价，考试评价也是一种极为重要的评价方式。在课程改革和考试改革的潮流中，对于价值观的考查已经成为现在新课程高考和中考改革方案的重中之重。教育部考试中心原主任姜钢在接受采访时说道："高考承载为国选人育人的重大使命。高考试题发挥固本、铸魂、打底色的作用。"教育部考试中心研究员刘芃在《基于核心素养的学业质量评价》中也说道："命题的大环境已经发生了重大变化，我们必须在测量工具的制作上走出一条新路，概括起来就是：讲好中国故事。"如2019届海淀区高三历史一模试题曾设计了这样一段情境和问题：

材料一

在古代中国，长城作为冷兵器时代的防御工事，影响着中原的荣辱兴衰。到了近代，中外各界都认为长城是"地球上最伟大之古物"，但这是就长城本身而言，只是证明传统中国的伟大，指向的是过去。1931年九一八事变之后，日本占领东三省。1933年，战事蔓延到长城沿线。当时的《时事月报》刊登插画《只有血与肉做成的万里长城才能使敌人不能摧毁！》，描绘了一个巨人般的战士紧握步枪，跨过长城冲向前方。1935年电影《风云儿女》主题曲《义勇军进行曲》号召"把我们的血肉，筑成我们新的长城！"此后，这首歌传遍全国，全国人民高唱"中华民族到了最危险的时候"。长城与中华民族民族精神的联系得以确立，深入人心。

——摘编自吴雪杉《长城：一部抗战时期的视觉文化史》

阅读材料一，结合所学，概括长城内涵寓意的演变，并分析其原因。

中国近代史是中国半殖民地半封建社会逐渐形成到瓦解的历史，也是中华民族对外反抗帝国主义侵略，对内反对封建专制统治，为求得民族独立和人民解放的历史。1931年日本帝国主义发动九一八事变，中华民族面临严重的民族危机，全国抗日救亡运动不断高涨。本题选择长城这个学生非常熟悉的话题作为情境，作为实物的长城，北京的学生都去过长城；作为国歌中的长城，学生都高唱过，有多少学生思考过长城一词为何会出现在国歌中？长城为何会成为中华民族民族精神的象征？长城何时成为中华民族的象征？本题没有进行空洞的说教，而是给学生一个熟悉的情境和话题，让学生联系自己学过的历史来进行解释，从一个侧面考查学生的价值观念。

孟子曰："行有不得者，皆反求诸己。"学科德育的问题，不是外在、外部"渗透"的问题，而是内在、自身自然而然呈现的问题，是"溢出、洋溢、滋润、滋养"的问题。在当前新一轮课程改革的背景下，教师要由学科本位转向育人本位。每一个学科都有自己的思想，有自己的"道"，不能只教"术"。作为学科教师，应该更新教学理念，强化育人意识，真正走进课程，多在教学"本身"下功夫，突出教学活动的内在道德，让师生在教学活动中成德达才，获得最自然、最有力的道德品质，即实现道德"内求"。如此的教学，才算实现了基于核心素养的"课堂革命"，学习过程也就成了高尚的道德生活和丰富的人生体验，学科知识增长的过程就成了学生人格健全和发展的过程。

第三节　学科德育典型课例

基本信息

教师姓名	陈钡	学　　校	人大附中
教学年级	高一	教科书版本及章节	（部编）人教版《中外历史纲要（上）》第二单元第七课

一、单元教学设计

单元学习主题　　三国两晋南北朝的民族交融与隋唐统一多民族封建国家的发展

（一）单元教学设计说明

《普通高中历史课程标准（2017年版）》中明确提出了"家国情怀是学习和探究历史应具有的人文追求，体现了国家富强、人民幸福的情感，以及对国家的高度认同感、归属感、责任感和使命感"。

《普通高中历史课程标准（2017年版）解读》进一步指出，家国情怀具体表现在以下几个方面：①弘扬中华民族的民族精神，并具有宽广的国际视野。②增进以改革创新为核心的时代精神。③更好地把握人类社会发展规律和发展趋势。④努力维护人类社会的正义、基本伦理、人与人相互友爱、国与国和睦相处等最基本的价值准则……引导社会向真善美方向发展。⑤学生要通过历史学习，能够将学习所得与家乡、民族和国家的发展繁荣结合起来，立志为新时代的中国特色社会主义建设、中华民族伟大复兴作出自己的贡献。

本单元的学习要点为：认识三国两晋南北朝时期至隋唐时期民族交融、区域开发、制度创新及中外交流的历史意义，以及思想文化领域的新成就。其中，以民族交融和大一统为本单元的核心问题。学生通过本单元的学习，在了解该时期历史脉络发展的基础上，认识三国两晋南北朝时期不同民族间的交融与发展，理解多民族共同缔造中华民族的基本国情，认识魏晋隋唐时期各民族交往交流交融在中华民族形成过程中起到的作用；同时，认识大一统格局下的隋唐盛世，理解统一的积极意义以及统一是中国历史发展的必然趋势。由此，形成正确的历史观、民族观、国家观和文化观。

（二）单元学习目标与重难点

1. 学习目标

通过阅读不同类型的史料、制作时间轴、梳理三国两晋南北朝时期及隋唐时期政权的更迭脉络，了解这一时期的民族交融及对更广阔区域的开发，认识北方政权在民族交融的基础上逐渐壮大，为统一全国做好了准备；了解隋唐时期大一统的发展和民族交融的具体表现，能够从制度层面分析隋唐盛世的原因；理解文化成就所体现出的魏晋南北朝乱世、隋唐时期盛世以及不同文化交流碰撞的时代特征。

2. 学习重点

三国两晋南北朝的民族交融情况和在此基础上出现的隋唐盛世；区域开发；隋唐时期制度创新（科举制、九品中正制、租庸调制和两税法）及其影响；思想文化成就和中外交流的意义、影响。

3. 学习难点

通过民族交融史实的学习，理解大一统和隋唐盛世很大程度上是民族交融的成果；通过从国家制度层面分析盛世的原因，理解制度创新的重要作用；通过该时期丰富的传统文化成就所体现出来的时代特征，理解文化成果与社会政治、经济发展的内在联系。

（三）单元整体教学思路（见图 10-1）

```
             ┌─ 三国两晋南北朝的政    ┌─ 三国与西晋——少数民族内迁
             │  权更迭与民族交融     ├─ 东晋与南朝——士族政治与江南开发
             │  （1课时）           └─ 十六国与北朝——孝文帝改革
             │
             │                      ┌─ 隋朝兴亡——巩固统一的措施
             ├─ 从隋唐盛世到五代十    │  唐朝的繁荣与民族交融——贞观之   ┐
             │  国（1课时）          ├─ 治、开元盛世；与周边各族的关系    │ 三国两晋南北朝时期的
  第二单元 ─┤                      └─ 安史之乱、黄巢起义与五代十国      │ 制度建设、民族交融、
             │                                                          ├─ 经济发展和思想文化都
             ├─ 隋唐制度的变化与创    ┌─ 从九品中正制到科举制              │ 为隋唐大一统的盛世局
             │  新（1课时）          ├─ 三省的由来和三省六部制的形成      │ 面奠定了基础
             │                      └─ 从租庸调制到两税法               ┘
             │
             └─ 三国至隋唐的文化     ┌─ 儒学、道教与佛教的发展
                （1课时）           └─ 文学艺术、科技和中外文化交流
```

图 10-1　单元教学结构

二、课时教学设计

课题	隋唐制度的变化与创新		
课型	新授课 ☑ 习题/试卷讲评课 ☐	章/单元复习课 ☐ 学科实践活动课 ☐	专题复习课 ☐ 其他 ☐

（一）教学内容分析

认识隋唐时期的制度变化与创新，需要学生在掌握三国两晋南北朝政权更迭和隋唐建立、隋唐盛世的基本史实基础上，能够从历史发展的脉络中理解隋唐制度的源流和创新。从全册书来看，这一课属于制度方面的专题课，涉及制度的内容多，需要学生前后联系，理解制度的因循变革和隋唐制度的创新性。同时，引导学生认识到，隋唐制度创新为隋唐盛世的出现及唐朝经济发展提供了制度保证，体会中华民族自强不息的革新进取精神，是本课的德育价值所在。

（二）学习者分析

学生在初中已经学过科举制度和三省六部制，有一定基础，但是知识碎片化，有待进一步深化、条理化。赋税制度在初中教科书中并未涉及，且专业性较强，所涉及的概念学生很少接触，掌握起来比较难。同时，学生还需要从制度创新与隋唐统一多民族国家之间的关系进行进一步思考。

（三）学习目标

（1）通过研读文字、图表等史料，分析科举制、三省六部制、租庸调制和两税法推行的社会背景，理解这些制度变革的必要性。

（2）阅读诗歌，了解九品中正制的弊端，对比科举制与九品中正制在选才范围、评价标准等方面的不同，认识科举制在扩大选官范围、提高官员文化素质、加强中央集权等方面所起到的重要作用；分析史料，了解三省六部制发展的历史过程，对比三公九卿制，理解三省六部制作为一种成熟的行政体制在制约宰相专权、保证决策正确性、提高效率等方面起到的作用。

（3）通过了解从租庸调制到两税法的转变，认识两税法的功效，理解其为后世赋税制度所树立的标杆作用。

（4）认识隋唐时期制度创新对国家繁盛的积极作用，体会古代先民革新进取的精神。

（四）学习重难点

重点：了解科举制度作为一种新的选官制度的积极意义及深远影响；三省六部制的特点及其对后世的影响；两税法的功效。

难点：认识隋唐时期制度创新对国家繁盛的积极作用，体会古代先民革新进取的精神。

（五）学习评价设计（见表 10-2）

表 10-2　评价设计

学 习 表 现	评价等级
能够在独立思考的基础上积极参与课堂讨论，能够按照时间顺序准确表述选官制度、中央政治制度和赋税制度的发展脉络；能够结合历史背景，在对史料进行分析后论述隋唐时期制度创新的进步性，能够从多角度阐释这些制度创新的影响；能够对制度创新与隋唐盛世之间的关系阐述自己的观点并用史料作为证据进行论证。	甲
能够在独立思考的基础上积极参与课堂讨论，能够按照时间顺序准确表述选官制度、中央政治制度和赋税制度的发展脉络；能够说出隋唐时期制度的创新并能够阐释这些制度创新的影响；能够针对制度创新与隋唐统一多民族国家发展之间的关系阐述自己的观点并阐释理由。	乙
能够积极参与课堂讨论，能够比较准确表述选官制度、中央政治制度和赋税制度的发展脉络；能够基于史料分析概括制度创新的历史背景，比较隋唐时期制度创新的进步性，能够阐释这些制度创新的影响；能够肯定制度创新的进步意义。	丙
能够表述选官制度、中央政治制度和赋税制度的发展脉络；能够说出隋唐时期制度创新的进步性和积极影响。	丁

（六）学习活动设计

教师活动	学生活动

环节一：引入

教师活动1 　　引导学生阅读晋朝左思《咏史（节选）》，提炼诗中信息。	学生活动1 　　读出诗中反映的历史现象。发现门阀制度下士族凭借九品中正制世代占据高位，寒族仕途无着。

　　活动意图：以文学作品引出魏晋时期的九品中正制，激发学生探索兴趣，直接导入新课。

环节二：选官制度——从九品中正制到科举制

教师活动2 　　1. 梳理选官制度的创新 　　（1）梳理并分析九品中正制的实行、评价标准和影响；讲述九品中正制发展到后来，中正定品只看家世，不看德行/才能，结果出现"上品无寒门，下品无士族"的局面。 　　（2）展示进士、明经考试过程和内容。 　　2. 分析科举制的影响 　　（1）引导学生阅读王定保《唐摭言》卷一关于科举的内容，提炼科举制的相关信息。 　　（2）引导学生阅读晚唐、北宋宰辅家世表并进行比较。 　　（3）根据学生发言归纳科举制意义。	学生活动2 　　1. 阅读材料，思考九品中正制下可能出现的问题。 　　2. 比对九品中正制，从选拔流程、选拔标准的角度发现科举制的进步性。 　　3. 结合文本分析出科举制度对于提高官员文化素质、扩大统治基础、加强中央集权等方面的积极作用。

　　活动意图：以"中原地区的名门望族"分布图和明经、进士两科考试流程图，增加学习趣味，补充史实，让学生体会科举制的进步；通过阅读史料并分析科举制度的作用，锻炼学生概括史料的能力，引导学生认识我国选官制度的成熟，激发对制度创新的积极情感和对我国古代选官制度发展的认同感。

环节三：三省六部制

教师活动3 　　1. 讲述内廷机构外廷化：三省形成过程。 　　2. 依据三省六部制示意图，讲述唐代中央决策流程。 　　3. 根据学生发言，教师总结三省六部制的作用。	学生活动3 　　1. 按时间顺序梳理三省的形成和职能的变迁。结合三省六部制示意图，了解中央决策流程，理解多相制在限制相权、保证决策正确性等方面的作用。

第十章　中学历史学科

教师活动	学生活动
历史上的宰相由一人增为数人，乃至一二十人，是皇权加强、相权削弱的表现。众多宰相集体议事，分工明确的三省互相牵制，目的就是使个别宰相难以擅权专断。不过，这一制度若能严格执行，皇权仍受到一定限制，因而隋唐时期的皇帝尚无绝对的专制独裁之权。后世，三省制因皇权的不断强化而屡有损益变更，但作为具体行政部门的六部制则十分稳定，沿袭千余年而未变。	2.比对三公九卿制，从中央政府的专业性、分工的明确性、权力的制衡等不同维度发现隋唐时期中央决策和行政体系的完备。

　　活动意图：以三省的形成过程厘清三省制的发展源流；从三省各自的执掌把握中央机构的运行及作用，引导学生发现我国古代中央决策和行政体系的完备，激发对制度创新的积极情感，为理解制度创新与隋唐盛世的出现进行知识铺垫。

环节四：从租庸调制到两税法

教师活动 4	学生活动 4
1.呈现从汉到唐赋税制度的演变表，引导学生分析租庸调制的积极作用。 　　2.结合《通典·食货七·丁中》，引导学生分析租庸调制难以维系的原因。 　　3.阅读两税法相关材料，了解两税法基本内容。 　　4.结合唐代历史背景，分析两税法的积极意义。	1.回顾已有知识，理解历代赋税制度的演变。 　　2.通过对比，发现租庸调制的纳庸代役对农时的保障作用。 　　3.阅读史料，结合所学知识，发现以丁为标准收税势必要求国家对百姓人身有较强控制，但是唐代若干现实原因使租庸调制难以维系，进而认识制度的创新是对出现问题的积极应对。 　　4.结合本课所学，理解材料，并用相关史实对材料进行解读，理解两税法的积极意义。

　　活动意图：以表格的形式厘清从汉到唐赋税制度演变的历程，让学生对赋税制度形成总体认识，并理解赋税制度的变化及其背后的原因，在此基础上理解租庸调制和两税法的税制改革是与时俱进的。

环节五：总结本课内容

教师活动 5	学生活动 5
回顾本课内容，引导学生思考选官制度和中央行政制度的创新与隋唐盛世之间的关联，认识税制改革是对当时社会问题的积极应对，具有积极作用。	回顾本课内容，运用所学知识，论述隋唐制度的创新性和积极作用。

　　活动意图：回顾本课内容，从整体上把握隋唐制度的创新性并理解其对当时社会和对后世制度的影响，指导学生生成正确的价值判断。

（七）板书设计

1. 选官制度

（1）魏晋时期九品中正制的创立和实行。

（2）隋唐时期科举制的形成和意义。

2. 三省六部制

（1）魏晋时期三省机构的变迁。

（2）隋唐时期三省六部制的形成和影响。

3. 赋税制度

（1）从汉到唐前期赋税制度的演变。

（2）唐中期两税法的实行和意义。

（八）作业与拓展学习设计

作业一：请将下列"魏晋南北朝时期制度变迁"表格补充完整

	魏晋时期	隋唐前期	唐朝后期
选官制度	九品中正制		
中央官署	三省形成		
赋税制度			

作业二：

材料一

两税之立……唯以资产为宗，不以丁身为本。资产少者则其税少，资产多者则其税多，曾不悟资产之中，事情不一：有藏於襟怀囊箧（箱子），物虽贵而人莫能窥；有积於场辅囷仓，直（值）虽轻而众以为富……如此之比，其流实繁，一概计估算缗（财产），宜其失平长伪（错误）。由是务轻费而乐转徙者，恒脱於徭税，敦本业而树居产者，每困於徵求。此乃诱之为奸，驱之避役，力用不得不弛，风俗不得不讹，同井不得不残，赋入不得不阙。

——节选自（唐）陆贽《均节赋税恤百姓六条其一论两税之弊须有厘革》

材料二

况遭安、史之乱，丁口流离转徙，版籍（户口）徒有空文，岂堪按以为额？盖当大乱之后，人口死徙虚耗，岂复承平之旧？其不可转移失陷者，独田亩耳……陆宣公（陆贽）与齐抗所言固为切当，然必欲复租庸调之法，必先……均天下之田，使贫富等而后可，若不能均田，则两税乃不可易之法矣……今两税之法，人无丁、中，以贫富为差，尤为的当。宣公所谓："计估算缗，失平长伪……"此亦是有司奉行者不明不公之过，非法之弊。盖力田务本与商量逐末，皆足以致富。

——节选自（宋）马端临《文献通考》

比较上述两段材料对两税法的评价，结合时代背景分析两人观点不同的原因。谈谈你对两税法的看法并说明理由。

（九）特色学习资源分析、技术手段应用说明

以文学作品引入，激发学生探究兴趣；一手史料的充分运用，提升学生的史料阅读和分析能力；学者论述的合理应用，引导学生规范使用学科语言，提升历史素养，并有助于形成对历史的整体认识；地图、表格的直观展示，便于学生理解、有条理地掌握历史知识。

（十）教学反思与改进

（1）应更加突出学生的主体作用，在科举制、三省六部制这两项学生相对熟悉的环节，可以通过呈现整体材料、问题驱动和任务驱动的方式鼓励学生小组研习史料，经讨论生成认识。

（2）可以在最后的认识提升环节给学生更加充分的时间，引导学生更好地阐释自己的观点。

教研员点评

陈钗老师主讲的"隋唐制度的变化与创新"一课，通过创设新的学习情境，组织学生开展史料研习，理解隋唐政治制度创新较好地解决了当时社会存在的主要问题，为隋唐繁荣提供了制度保障，既让学生体验了研读史料的方法，认识到制度的完善与创新的必要性和积极意义，也涵养了学生与时俱进、主动创新的历史发展意识，较好地实现了学科德育的功能。

（1）在史料研习活动中学会客观解释历史问题。史料研习是历史学习的重要方式。陈钗老师选择原始史料、历史论述等材料，在课堂上供学生研习，设计不同思维层次的问题，围绕"为什么要创新、怎么创新、创新的积极意义有哪些"等核心问题，指导学生研读史料，认识隋唐科举选官制度创立、中枢行政机构改革和赋税制度改革等对隋唐时期历史发展的积极意义，生成自己对隋唐制度创新的认识和解释。学生在问题的思考与解决中，建立了知识结构，提升了史料概括与运用等关键能力，体验了解释历史变化应"持之有据""论从史出"等学科思想方法。

（2）在特定条件下理解历史变化发展的基本规律。隋唐制度创新是统治者针对社会存在的主要问题，如权贵把持官吏选任、相权过大威胁皇权、土地兼并导致阶级矛盾尖锐等

而采取的积极主动的变革。陈钊老师以一首诗歌道出九品中正制的问题所在，以中枢机构示意图说明三省六部制的进步性，从均田制的崩溃揭示唐朝进行赋税制度改革的必要性，通过材料研读和问题思考，理解隋唐制度创新的进步意义及其对中国古代政治文明发展的影响，有利于增进学生对当代实现中华民族伟大复兴征程中进行理论创新、制度创新、科技创新和文化创新等的现实价值的认识。整课学习中，理解制度创新价值，是基于史实生成历史认识，又把历史认识和价值认同变成了学生处理未来陌生情境问题的基本素养，无疑对学生的发展是有意义的。

（3）在具体问题解决中增强创新意识和创新精神。陈钊老师通过大量材料铺垫，明确了制度创新是主动解决"现实"问题的表现，制度创新又促进了隋唐盛世的出现和维系，将单课学习与本单元学习有机结合起来，让学生既理解了特定的历史阶段我国政治文明成就，又形成了"剖析现象—聚焦问题—分析问题—精准施策—系统创新"的思维习惯，对学生创新意识的培育和创新精神的形成无疑是有帮助的。

对好课的追求是没有止境的。课堂上，人大附中的学生基于自身厚实的基础知识和扎实的学科能力，在陈钊老师的引导下积极参与思考活动，虽然表现出"说""写"不足，但课堂学习表现和课后作业完成水平，都显示出这是一节符合课程改革要求的促进学生综合素养发展的好课。

评课人：李静、杨红丽　北京市海淀区教师进修学校